QUE SAIS-JE ?

Histoire des États-Unis

FRANÇOIS DURPAIRE

Docteur et agrégé en histoire

Université de Cergy-Pontoise

6e mille

BIBLIOGRAPHIE THÉMATIQUE
« QUE SAIS-JE ? »

Farid Ameur, *La guerre de Sécession*, n° 914
Bernard Gazier, *La crise de 1929*, n° 2126
Daniel Royot, *La littérature américaine*, n° 407
Maxime Lefebvre, *La politique étrangère américaine*, n° 3714
Philippe Moreau Defarges, *La mondialisation*, n° 1687

ISBN 978-2-13-059233-4
ISSN 0768-0066

Dépôt légal – 1re édition : 2013, janvier
3e tirage : 2014, avril

6, avenue Reille, 75014 Paris

INTRODUCTION

> « Je suis vaste, je contiens des multitudes. »
>
> Walt Whitman.

Qui sont les Américains ? Non pas pris isolément, comme individus. Mais comme peuple, formant une même nation. C'est en se tournant vers le passé d'une communauté que l'on peut comprendre *pourquoi* et *comment* elle s'est formée, à partir d'individus disparates qui ont décidé un jour de vivre ensemble.

Faire l'histoire des États-Unis… Le projet permet de lever un premier préjugé : celui d'une nation trop jeune pour avoir une histoire. Nous verrons que l'Amérique a un passé à la fois riche et complexe. Y consacrer 120 pages – seulement 120 pages – est une gageure.

Mais écrire l'histoire des États-Unis est l'occasion de remettre en cause bien d'autres idées reçues, tant les incompréhensions sont nombreuses entre Français et Américains. Étonnant paradoxe pour deux nations qui ne se sont jamais fait la guerre – à l'exception de la *quasi-war*, conflit maritime non déclaré (1798-1800) – et qui se sont au contraire si souvent épaulées, de la participation de La Fayette à la Révolution américaine jusqu'au débarquement anglo-américain du 6 juin 1944. Ces deux républiques, filles jumelles du mouvement des Lumières, sont nées du même processus historique. Le premier président américain est élu en 1789 et prête serment deux mois avant la prise de la Bastille. Nos deux républiques entretiennent depuis une relation ambiguë, qui mêle fascination et rejet. Comme s'il y avait une concurrence dans ce qu'elles avaient à offrir au monde : un même projet d'universalité. « All men are created equal », dit la déclaration américaine, treize ans avant la Déclaration française des droits de l'homme et du citoyen. Tocqueville (1805-1859) évoque cette parenté des deux nations : les Américains « donnaient la substance de la réalité à ce que nous étions en train de rêver ».

Des États-Unis « mal connus, mal aimés, mal compris », l'expression est de l'historien André Kaspi. La caricature, les préjugés se renouvellent avec le temps. Dans les années 1950, l'antiaméricanisme venait tout à la fois des communistes hostiles au capitalisme que des gaullistes attachés à l'indépendance de la France ou encore des défenseurs de l'Empire colonial… Aujourd'hui, à droite comme à gauche, on évoque un « communautarisme » américain, qui s'opposerait à une France laïque, républicaine et égalitaire. Le terme d'« antiaméricanisme » – apparu en 1968 – marque d'ailleurs cette spécificité. Parmi les « antis » que compte la langue française, aucun autre ne concerne une nation étrangère[1].

La défiance à l'encontre des États-Unis s'est nourrie de l'idée que ce pays était tout-puissant dans le monde, et par voie de conséquence qu'il était responsable de tous ses dysfonctionnements. Les indices d'affaiblissement, à l'aube de ce XXIe siècle, pourraient alors contribuer à une appréhension moins émotive des réalités de ce pays. Le contexte est propice à une juste compréhension, s'éloignant des jugements à l'emporte-pièce.

Qui sont les États-Unis d'Amérique ? La question de l'identité se pose pour les nations comme pour les individus. Même si un pays évolue, se transforme au

1. André Kaspi, *Comprendre les États-Unis d'aujourd'hui*, Paris, Perrin, coll. « Tempus », 2008, p. 33.

fil du temps, l'étude de son passé laisse apparaître un certain nombre de permanences qui, au-delà des mutations, construit son existence collective. L'histoire permet de comprendre ce qui fait l'originalité d'un pays et ce qu'il apporte de particulier à la civilisation universelle : un langage, un mode de vie, un projet, une manière de concevoir les rapports entre les groupes et les individus.

Se tourner vers la devise qu'un pays s'est choisie est souvent un moyen de mieux le comprendre, parce qu'elle se réfère à son projet d'origine. La devise première des États-Unis – *E pluribus unum* – est une devise dynamique. Il s'agit de faire l'unité *à partir* de la diversité. À la différence de la devise européenne, choisie par la commission le 4 mai 2000, et qui reprend les mêmes termes mais de manière statique – *In varietate concordia* (« Unie *dans* la diversité ») –, la devise américaine renvoie à une tension constante vers une unité à parfaire. Elle impose à chaque génération d'Américains de renouveler le sens de cette interaction. Elle invite à penser un va-et-vient permanent.

Cette devise apparaît sur le grand sceau des États-Unis et est présente sur tous les documents officiels. À l'origine, elle renvoie à une volonté politique, celle des 13 colonies indépendantes, de fonder un même pays. Mais elle prend, au cours du temps, un sens plus culturel et démographique : celui d'une société diversifiée qui doit se construire à travers des vagues d'immigrations successives. En 1776, cette devise est choisie par le premier Great Seal Committee. En 1782, elle est adoptée par un acte du Congrès. Elle est considérée comme la devise du pays jusqu'en 1956, au moment où le Congrès décide d'adopter *In God We Trust* comme devise officielle.

Chaque année, le président américain franchit les quelques mètres qui séparent la Maison-Blanche du

Capitole pour prononcer, face au Congrès, son discours sur l'état de l'Union. C'est à l'occasion de ce discours que le président exprime sa propre vision de l'unité. Il est en charge de reformuler, en fonction du contexte, les raisons qui unissent les Américains. Mais cette unité n'est pas synonyme d'homogénéité. La médiatisation du président, qui incarne seul la nation, rend difficilement compte de l'hétérogénéité du pays et de ses institutions. Celle-ci est liée à la vitalité de la vie politique locale et des spécificités de chacun des États fédérés. Chaque État possède en effet sa propre constitution, ce qui a une conséquence immédiate sur la vie quotidienne des Américains, que ce soit dans le domaine de la justice, de la santé ou de l'éducation. Le mariage homosexuel est, par exemple, légalisé dans six États et reste interdit dans 29 États. La peine de mort a été abolie dans 14 États mais est en vigueur dans 34 autres. Ces deux exemples montrent qu'il est toujours risqué de généraliser. Les États-Unis résistent à la compréhension simpliste.

À une échelle encore plus locale, il existe 35 356 districts et 87 000 gouvernements locaux ! Les forces du localisme agissent de manière centrifuge et contrecarrent la volonté de centralisation. La tradition américaine de *self-government* donne une légitimité à l'échelle locale. Les partisans du pouvoir local le présentent comme une structure naturelle qui s'inscrit dans le prolongement de la famille et de la maison[1]…

L'identité de l'Amérique, c'est la nécessité d'articuler la diversité à l'unité. Elle a justifié sa naissance. Elle l'a prolongée au cours du temps. Nous verrons qu'elle est aussi ce qui a constitué sa puissance, plus

1. Jérôme Jamin, « Introduction. Unité et diversité du fédéralisme américain », in *Fédéralisme-Régionalisme*, vol. 9, nº 1 : *Le Fédéralisme américain*, 2009.

de deux siècles après sa création. Puiser au sein d'un foisonnement d'initiatives, d'expériences et de talents différents, pour tenter de les élever au stade du génie collectif, est le modèle sur lequel s'est fondée la force des États-Unis d'Amérique.

Chapitre I

NAISSANCE DE L'UNITÉ (1607-1783)

L'Amérique du Nord avait une vie avant la naissance des États-Unis. Cette « préhistoire » est une période importante pour qui veut comprendre ce qui suit. L'historien René Rémond rappelait qu'il y avait autant d'années entre la fondation de Jamestown – le plus ancien établissement anglais au Nouveau Monde (1607) – à la création des États-Unis (1776) qu'entre cette création et la fin de la Seconde Guerre mondiale (1945)[1].

Cette longue période est faite de diversité. Diversité des peuples amérindiens : il n'y a pas une nation indienne, mais une pluralité de langues, de cultures et de modes de vie. Diversité également des colonies installées en Amérique du Nord : il y a plusieurs nationalités d'origine, plusieurs institutions, etc. L'autonomie de chaque colonie est d'ailleurs entière. En dépit de cette diversité, c'est au cours de cette période que l'idée d'unité a germé. Les 13 colonies ont entre elles des points communs qui préfigurent une identité de destin.

I. – Avant l'Union

1. **Les Indiens « découvrent » Christophe Colomb.** Depuis 1937, les Américains célèbrent chaque année le

1. René Rémond, *Histoire des États-Unis* (1959), Paris, Puf, « Quadrige », 2011, p. 7.

Colombus Day. Tous les deuxièmes lundis d'octobre, il s'agit de commémorer la découverte de Christophe Colomb (1451-1506). Mais cette « découverte » relève plus du mythe que de la véritable histoire. D'abord, parce que l'Amérique était peuplée avant l'arrivée des Européens. En anglais, on utilise même le terme de *Native Americans* (Américains d'origine) pour désigner les premiers occupants du territoire. Ensuite, parce que Christophe Colomb n'a pas « découvert » le territoire correspondant aux États-Unis d'aujourd'hui. Il est arrivé dans les îles des Antilles. Enfin, parce que jusqu'à sa mort en 1506, ce « découvreur » reste persuadé d'avoir atteint l'Asie du Sud (d'où le nom d'« Indiens »). C'est Amerigo Vespucci (1454-1512) qui est le premier navigateur à affirmer qu'il s'agit non pas des Indes, mais d'un nouveau continent, qu'il nomme *Mundus Novis* (le Nouveau Monde).

Avant même l'arrivée de Christophe Colomb, le territoire connaissait donc déjà des sociétés riches, inventives, dotées de technologies et de savoir-faire complexes. Certains de ces peuples amérindiens avaient élaboré une écriture. La plupart pratiquaient la domestication des animaux. Les fouilles ont permis de découvrir un artisanat élaboré. Elles révèlent la capacité à transformer les métaux, pour en faire des bijoux ou des armes. Comme les Européens, les Amérindiens ont du mal à concevoir des terres au-delà des côtes. À l'arrivée des Espagnols, ils ne savent pas à qui ils ont affaire. Ils sont étonnés par ces vins rouges que boivent les Européens et qu'ils associent à du sang. Sont-ce des sauvages cannibales ? Tout est question de représentations, de part et d'autre. Les Indiens ont néanmoins bien accueilli ces « découvreurs » européens, concluant avec eux des accords de paix et leur apprenant à vivre dans un monde inconnu et hostile. Ils leur ont enseigné comment construire des canots, comment utiliser des raquettes pour se déplacer dans la neige, etc.

L'ancienneté de la présence amérindienne se lit dans la toponymie de nombreux États (Massachusetts, Michigan, Mississippi, Ohio, etc.[1]) ou de villes (comme Seattle – « Seathl » pour les puristes – du nom de l'ancien chef de la tribu des Suquamish). Certains des apports indiens font aujourd'hui partie du quotidien, sans que cela soit nécessairement connu : le tabac, le maïs, les tomates, les pommes de terre, le toboggan, le canoë, l'anorak… Le grand public ne connaît que quelques nations indiennes telles que les Iroquois, les Navajo et les Cheyenne, mais il en existe plus de 250 ! La communication entre ces différentes sociétés qui peuplent l'Amérique est d'ailleurs rendue difficile par la pluralité des familles linguistiques.

Lorsqu'au XVIe siècle, les explorateurs européens débarquent sur le continent, la population indienne compte entre quatre et sept millions d'habitants. Les massacres et les épidémies provoquent une chute démographique. En 1900, on ne comptera plus que 237 196 Amérindiens. Certains envisagent même alors une disparité de l'identité indienne. Le succès du film de Kevin Costner sur les Sioux, *Danse avec les loups* (1990), témoigne de la bonne image dont jouissent désormais ces populations au sein de la société, mais il est aussi l'illustration de clichés extrêmement tenaces. Dans le contexte des années 1970, avec l'émergence d'un mouvement écologiste, les sociétés amérindiennes ont été transformées en modèles de respect de la nature.

1. Le nom « Massachusetts » désigne une tribu algonquienne (« à la grande colline »). « Michigan » et « Mississippi » sont des mots *ojibwés* qui désignent un « grand lac » pour le premier et un « grand fleuve » pour le second. « Ohio » signifie « bonne rivière » chez les Iroquois.

Aujourd'hui, les scientifiques révisent cette vision idéalisée, démontrant que les Indiens ont eu, comme toutes les sociétés humaines, un impact sur leur environnement. En octobre 1992, dans la revue *Environment*, B. L. Turner et K. Butzer, de l'université du Texas, affirment que la déforestation dans les Amériques était probablement plus importante avant l'arrivée de Christophe Colomb que plusieurs siècles après. Selon la juste remarque de l'historien Philippe Jacquin, l'Indien écologiste est bien une invention de l'homme blanc.

2. **La fondation des colonies anglaises.** – En Amérique, comme ailleurs, les Anglais arrivent en dernier, abandonnant l'initiative aux Portugais, aux Espagnols et aux Français. Le plus ancien bâtiment témoin de la pénétration européenne dans le Nouveau Monde date du début du XVIe siècle. Héritage de la colonisation espagnole, il ne se trouve pas à Boston, mais bien à Santa Fe, au Nouveau-Mexique. Certains États portent encore des noms témoignant de cette antériorité espagnole : la Floride, le Colorado, la Californie, etc. Toutefois, après sa défaite en 1588, l'Espagne laisse le champ libre à l'Angleterre au Nord du continent.

Le premier établissement permanent d'origine anglaise est un village fondé en Virginie en 1607. Il est nommé Jamestown en l'honneur du souverain Jacques Ier. À sa tête, John Smith (1580-1631) négocie avec les Indiens afin qu'ils leur donnent des graines pour cultiver le maïs.

Quelques années plus tard, une autre colonie est fondée sur le continent : la Nouvelle-Angleterre. Les protestants puritains ayant rompu avec l'Église anglicane partent à bord du *Mayflower*. Ils débarquent dans la région qui deviendra le Massachusetts. Ces *Pilgrims Fathers* (Pères pèlerins), appelés également les « Saints », arrivent sur les côtes américaines le 21 décembre 1620. Ils installent la colonie de Plymouth. L'organisation de la colonie est établie à travers un pacte, le « Mayflower Compact », signé par les colons. Marqués par les souvenirs des persécutions subies en Angleterre, ils fondent un modèle autonome qui leur permet de vivre indépendamment de la Couronne et selon la mission dont ils se sentent investis : une application « pure » et stricte de la Bible.

Par la suite, les rois anglais, de Charles Ier (1600-1640) à George II (1683-1760), accordent des chartes de concession, non plus à des congrégations ou à des communautés religieuses, mais à des lords qui disposent de pouvoirs délégués. Cette période, où l'initiative publique supplante l'initiative privée, correspond à la période de la maturité pour une Angleterre qui a désormais pleinement conscience d'être en train de créer un empire.

La colonisation de l'Amérique est avant tout l'histoire d'un affrontement entre les puissances européennes qui se disputent le partage du Nouveau Monde. La rivalité entre la France et l'Angleterre tourne à l'avantage de cette dernière, du fait notamment de l'atout numérique que lui confère l'immigration bien plus importante pour les Anglais que pour les Français. La France ne parvient ainsi pas à contrôler son empire colonial. Même si pendant la guerre de Sept Ans (1756-1763), les Français tentent de pallier ce manque par des alliances passées avec des nations indiennes – les Anglais appellent cette guerre la *French and Indian War* –, ils doivent abandonner leurs possessions américaines en 1763. Par le traité de Paris, ils cèdent la Louisiane occidentale à leur allié, l'Espagne, et toutes les autres concessions à l'Angleterre qui peut alors assurer sa domination en Acadie (Canada). La France ne conserve que les îles de

Saint-Pierre-et-Miquelon et Terre-Neuve, grâce à ses alliances avec les nations indiennes.

En moins d'un siècle et demi, l'Angleterre a bâti un empire composé de 13 colonies réparties le long de la côte atlantique, nées de la volonté de tenter des expériences religieuses ou de s'enrichir. Si les Anglais forment le groupe dominant parmi les premiers colons, d'autres nationalités participent à cette première étape du peuplement américain. En 1776, le révolutionnaire Thomas Paine, lui-même originaire d'Angleterre, écrit que « c'est l'Europe, et non l'Angleterre, qui est la terre mère de l'Amérique ». En 1780, trois ressortissants des États-Unis sur quatre sont pourtant d'origine anglaise ou irlandaise. Si tous ces colons ont immigré de manière volontaire, il faut également évoquer le cas de l'immigration forcée. Depuis 1619, des milliers d'Africains remplacent dans les plantations les serviteurs sous contrat d'origine européenne, suite à la Traite négrière transatlantique.

3. **Genèse d'une identité « américaine ».** – La perception d'une identité spécifiquement américaine est liée au degré d'autonomie dont disposent les colons. Soumise à l'autorité de Londres, chacune des colonies a à sa tête un gouverneur royal nommé par le roi. Cependant, les colons élisent des assemblées locales qui votent les lois et les impôts. Ils se gouvernent seuls en très grande partie. Ainsi, une habitude d'indépendance est prise bien avant l'indépendance effective. L'éloignement de la métropole crée en outre un patriotisme colonial. Cette perception s'enracine dans une langue commune. Le révolutionnaire John Jay (1745-1829) écrira en 1787 dans les *Federalist Papers* : « J'ai souvent remarqué que la Providence a souhaité accorder un territoire continu à un peuple uni ; ce peuple a reçu en partage des ancêtres communs et une langue commune… »

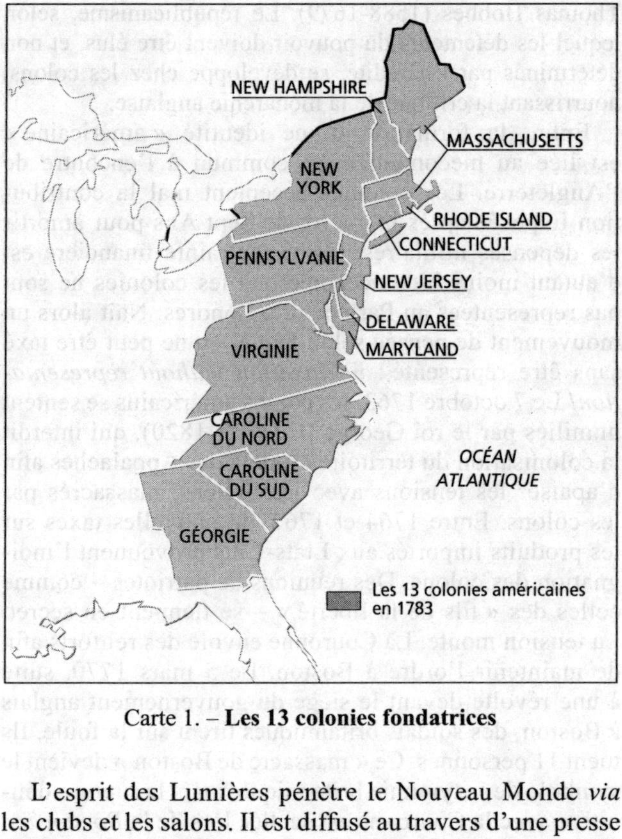

Carte 1. – **Les 13 colonies fondatrices**

L'esprit des Lumières pénètre le Nouveau Monde *via* les clubs et les salons. Il est diffusé au travers d'une presse d'une grande vitalité. La *Pennsylvania Gazette*, fondée en 1723, fait progresser l'idée de liberté. Philadelphie devient un centre intellectuel majeur, sous l'impulsion de Benjamin Franklin (1706-1790) qui fonde la Société philosophique américaine. Les pères de la Révolution américaine sont influencés par les philosophes européens comme John Locke (1632-1704), Montesquieu (1689-1755) ou

Thomas Hobbes (1588-1679). Le républicanisme, selon lequel les détenteurs du pouvoir doivent être élus, et non déterminés par l'hérédité, se développe chez les colons, nourrissant la critique de la monarchie anglaise.

Enfin, la formation d'une identité « américaine » est liée au mécontentement commun à l'encontre de l'Angleterre. Les colonies acceptent mal la contribution imposée après la guerre de Sept Ans pour amortir les dépenses militaires. Cette contrainte financière est d'autant moins bien acceptée que les colonies ne sont pas représentées au Parlement à Londres. Naît alors un mouvement de pensée selon lequel on ne peut être taxé sans être représenté : *no taxation without representation!* Le 7 octobre 1763, les colons américains se sentent humiliés par le roi George III (1738-1820), qui interdit la colonisation du territoire au-delà des Appalaches afin d'apaiser les tensions avec les Indiens, massacrés par les colons. Entre 1764 et 1767, de nouvelles taxes sur les produits importés aux États-Unis provoquent l'indignation des colons. Des réunions de patriotes – comme celles des « fils de la liberté » – se tiennent en secret. La tension monte. La Couronne envoie des renforts afin de maintenir l'ordre à Boston. Le 5 mars 1770, suite à une révolte devant le siège du gouvernement anglais à Boston, des soldats britanniques tirent sur la foule. Ils tuent 11 personnes. Ce « massacre de Boston » devient le symbole de la tyrannie britannique, mais la rupture définitive avec la Couronne est scellée lors de la *Boston Tea Party*, le 16 décembre 1773. Le *Tea Act* avait exempté de taxe la Compagnie anglaise des Indes orientales, lui permettant ainsi de bénéficier d'un monopole, ce qui faisait craindre aux colons la fin de la libre concurrence. En signe de protestation, 60 Bostoniens déguisés en Indiens se glissent dans un navire chargé de thé et jettent la cargaison à la mer. En 1774, le roi George III et le Parlement prennent des mesures impopulaires : les *Coercive Acts* appelés également les *Intolerable Acts*. Elles interdisent le ravitaillement en nourriture jusqu'à ce que soient remboursées les cargaisons jetées à l'eau lors de la *Boston Tea Party*. Ces mesures déterminent les 13 colonies à prendre leur destin en main. Elles se réunissent, à l'exception de la Géorgie, lors d'un premier Congrès continental du 5 septembre au 26 octobre 1774. Elles réclament l'égalité des droits entre les colons et les Anglais de la métropole, en particulier celui d'être représentés au Parlement. « Je ne suis pas un Virginien, mais un Américain », proclame Patrick Henry (1736-1799), hostile à la conciliation. Le Congrès décide de cesser tout commerce avec l'Angleterre tant que les *Intolerable Acts* ne seront pas annulés.

II. – La Révolution américaine

1. **Le 4 juillet 1776.** – Les partisans de l'indépendance sont de plus en plus nombreux. En janvier 1776, Thomas Paine publie le *Sens commun* dans lequel il dénonce en George III la « brute royale de Grande-Bretagne ». Il affirme l'ambition universelle des Américains : « La cause de l'Amérique est dans une large mesure la cause de l'humanité tout entière. » Et d'ajouter : « c'est le moment de se séparer ». Lors d'un second Congrès continental qui siège à partir du 10 mai 1775, les colonies décident de se doter d'une Assemblée législative. Un comité de rédaction composé de cinq membres – John Adams (1735-1826), Thomas Jefferson (1743-1826), Roger Sherman (1721-1793), Robert Livingston (1746-1813), Benjamin Franklin (1706-1790) – est chargé de rédiger un projet de Déclaration d'indépendance. Le 4 juillet, la Déclaration est votée par John Hancock (1737-1793) qui préside le Congrès. Ce texte déclare la naissance des États-Unis

d'Amérique. Il comprend un préambule énumérant les droits fondamentaux inspirés par les Lumières et établit une liste de 27 griefs reprochés à l'Angleterre. Il rend inévitable le conflit qui va opposer les patriotes et la métropole britannique.

La Déclaration d'indépendance a fait l'objet de nombreuses interprétations. Pour David Armitage, ce texte a servi de modèle pour l'ensemble des indépendances dans le monde depuis la fin du XVIIIe siècle. Contrairement aux affirmations des conservateurs américains, la Déclaration d'indépendance n'aurait pas donné naissance à un « exceptionnalisme » américain, mais plutôt à l'idée d'universel qui se serait ensuite diffusée dans l'ensemble du monde. Réduire le texte à sa dimension nationale occulterait les influences internationales à l'origine du texte, fondateur de l'idée d'État souverain[1]. Quant à l'historien Peter Onuf, il insiste sur le concept d'« Empire de la liberté » qui pour Jefferson était à l'origine de la nation américaine[2]. Les États-Unis sont les premiers à inscrire dans le texte fondateur de leur identité – la Déclaration d'indépendance – la « recherche du bonheur » comme un droit inaliénable de tous les hommes. L'optimisme restera par la suite une valeur partagée par l'ensemble des Américains. Jefferson a la paternité de l'inclusion de ce droit. S'étant appuyé sur le *Second traité sur le gouvernement* (1690) de John Locke pour rédiger la Déclaration d'indépendance, il a décidé de remplacer le droit de propriété cher à Locke par celui de la « recherche du bonheur », qui lui paraissait moins matérialiste. Jefferson revendique avoir été influencé par la

1. David Armitage, *The Declaration of Independance: a Global History*, Harvard University Press, 2007.
2. Peter Onuf, *Jefferson's Empire. The Language of American Nationhood,* Charlottesville, University of Virginia, 2007.

Ligue des Iroquois, confédération pacifique organisée autour d'une constitution, la « Grande Loi de l'Unité » ou *Gayanashagowa*. Il déclare en 1787 être convaincu que « les sociétés indiennes [...] jouissent globalement d'un degré de bonheur bien supérieur à ceux qui vivent sous les régimes européens ».

Unité et bonheur sont conçus dans un mouvement commun. La quête du bonheur est le ferment de l'unité ; la quête d'unité doit apporter le bonheur. Ce bonheur est le résultat d'une conquête. Il n'est pas un acquis, comme en témoigne le slogan « Unite and Conquer » qui figure sur de nombreuses gravures des années 1750-1770[1]. Pour l'historien Bernard Cottret, cette « quête du bonheur » est d'abord un idéal de modération vertueuse hérité des stoïciens antiques[2]. Il évoque cependant une « américanisation » des esprits – terme utilisé pour la première fois par le révérend John Witherspoon au début des années 1780 – d'où émerge l'idée d'un peuple nouveau en train de se constituer en dehors des traditions européennes. Le fait de se déguiser en Indiens, lors de la *Boston Tea Party* de 1773, serait symbolique de cette altérité vis-à-vis de la métropole britannique.

2. **La guerre d'Indépendance.** – L'indépendance est proclamée le 4 juillet 1776. La rupture conduit à la guerre. La Couronne expédie en Amérique d'importantes troupes renforcées de nombreux mercenaires allemands. Elles sont destinées à mater les colons américains, vus comme des rebelles *(insurgents)*. Ceux qui sont restés fidèles au roi sont qualifiés de « loyalistes ».

1. Annie Duprat, « Bernard Cottret. La Révolution américaine. La quête du bonheur (1763-1787) », *Annales historiques de la Révolution française*, juillet-septembre 2003, p. 333.

2. Bernard Cottret, *La Révolution américaine : la quête du bonheur*, Paris, Perrin, 2003.

L'armée américaine, formée de volontaires, est inférieure à l'armée anglaise. Battu à la bataille de Long Island, en août 1776, le général George Washington (1932-1799) se voit contraint d'abandonner New York. Il faut attendre le 17 octobre 1777 pour assister à la première victoire américaine, à Saratoga. C'est un tournant, puisqu'elle conduit la France à s'allier aux États-Unis. Seuls quelques esprits éclairés soutenaient alors les Américains, comme Beaumarchais (1732-1799) qui organisait l'envoi clandestin d'armes et de munitions. Mais la guerre est vite perçue par la France comme une occasion de prendre sa revanche sur l'Angleterre, après la défaite de la guerre de Sept Ans qui est restée un traumatisme. En janvier 1778, les généraux La Fayette (1754-1834) et Rochambeau (1725-1807) prennent le commandement du corps expéditionnaire envoyé en Amérique. Le 19 octobre 1781, la capitulation du général anglais Charles Cornwallis (1738-1805) à Yorktown est décisive. Le 3 septembre 1783, l'indépendance des États-Unis est reconnue par l'Angleterre à l'issue des traités de Paris et de Versailles. John Adams, John Jay et Benjamin Franklin fixent les frontières avec le Canada. Les 13 colonies – Virginie, Massachusetts, New Hampshire, Maryland, Connecticut, Rhode Island, Delaware, Caroline du Nord, Caroline du Sud, New Jersey, New York, Pennsylvanie, Géorgie – sont officiellement devenues les « États-Unis d'Amérique ».

3. **Les oubliés de la Révolution.** – Derrière les Pères fondateurs maintes fois célébrés, les historiens exhument aujourd'hui des catégories jadis oubliées du grand récit national[1].

1. Bernard Vincent, Élise Marienstras, *Les Oubliés de la Révolution américaine : femmes, Indiens, Noirs, quakers, francs-maçons dans la guerre d'Indépendance*, Nancy, Presses universitaires de Nancy, 1990.

Les femmes patriotes tout d'abord. Elles ont massivement participé aux jeûnes de protestation, notamment contre les taxes. Le jeûne était une forme de résistance nouvelle, puisant son inspiration dans la culture religieuse. Les femmes sont à l'origine du mouvement de boycott des marchandises britanniques : elles fabriquent les vêtements pour éviter d'en importer. Beaucoup d'entre elles poussent les hommes à se battre dans l'armée, refusant de se fiancer à tout homme qui ne s'engagerait pas pour la cause patriote. Certaines se travestissent pour combattre, comme Deborah Sampson (1760-1827) qui sert pendant dix-sept mois sous le nom de Robert Shurtliff. Un médecin qui la soigne pour une fièvre maligne découvre son identité mais ne la divulgue à son supérieur qu'au terme de son service dans l'armée. Certaines femmes ont une influence politique notable. C'est le cas de Abigail Adams (1744-1818) – épouse de John Adams, le deuxième président et mère de John Quincy Adams (1767-1848), le sixième président – ou de Mercy Otis Warren (1728-1814), première historienne à donner une interprétation jeffersonienne (antifédéraliste) de la Révolution.

Ensuite, les Amérindiens. Ils participent à la guerre, soit dans le camp loyaliste, soit dans celui des insurgés. En 1778, les Lenapes signent un traité avec les Américains, en échange de la promesse d'un territoire autonome. Les autres peuples s'engagent le plus souvent du côté britannique par crainte de la colonisation. Les nations iroquoises, d'abord favorables à la neutralité, soutiennent les Britanniques, puis proclament leur propre déclaration d'indépendance ! À la fin de la Révolution, le traité de Paris ignore la présence amérindienne et permet la colonisation à l'ouest des Appalaches. Les Amérindiens sont exclus de la citoyenneté.

Enfin, les Noirs. Nombre d'entre eux se battent du côté britannique. En avril 1775, Lord Dunmore (1732-1809), gouverneur de Virginie, incite les esclaves à quitter les plantations pour s'engager contre les patriotes. Il forme un régiment dit éthiopien *(Ethiopian Regiment)* composé de 500 anciens esclaves. En juin 1776, le général britannique Henry Clinton (1738-1795) prend la même initiative à Philipsburg. En 1779, 10 000 Noirs rejoignent l'armée britannique. Le *Book of Negroes* rend compte de ces loyalistes noirs évacués en Nouvelle-Écosse, puis installés à Freetown au Sierra Leone. Cinq mille à l'inverse combattent du côté des *insurgents*. Dans un premier temps, George Washington avait interdit leur participation, mais il revient sur sa position après la décision de Lord Dunmore d'affranchir les Noirs loyalistes. Il autorise l'engagement des Noirs libres puis des esclaves. La Géorgie perd un tiers de ses esclaves pendant cette période. Si l'esclavage est aboli dans le Vermont (1777), en Pennsylvanie (1780), dans le Massachusetts (1783), aucun texte fondateur de l'Union n'abolit l'esclavage. Pour ne pas mécontenter les États du Sud, les Pères fondateurs autoriseront la poursuite du trafic d'esclaves pendant près de vingt ans (jusqu'en 1808).

Chapitre II

LES CONDITIONS DE L'UNITÉ (1783-1791)

« Nous, le peuple des États-Unis, en vue de former une Union plus parfaite... » : les premiers mots de la Constitution rappellent qu'il y a un « Nous » qui transcende les différences. La question de l'unité est d'abord une question institutionnelle. Comment constituer un seul pays à partir de plusieurs territoires ? Après la question du « pourquoi », c'est donc bien la question du « comment » faire l'unité qui se pose aux Pères fondateurs. Les intérêts des ex-colonies divergent, en particulier sur la question de la représentation démocratique. Les gros États souhaitent pouvoir compter en proportion de ce qu'ils représentent démographiquement. Les petits États, par peur de ne pas exister au sein de l'Union, souhaitent au contraire l'égalité stricte de traitement. La Constitution américaine doit donc résoudre un paradoxe : ce n'est qu'en assurant le respect de la pluralité qu'elle peut prétendre construire l'unité. La démocratie américaine est en perpétuelle tension entre ces deux forces. La première, centripète, tend à faire du gouvernement fédéral un État fort ; l'autre, centrifuge, vise au contraire à garantir les droits de chaque État et la liberté des individus.

I. – La première constitution écrite du monde

1. **Constituer l'unité.** – Organiser les relations entre les ex-colonies est nécessaire pour conduire leur conflit

commun contre l'Angleterre. De prime abord, l'unité semble se limiter à un impératif de la guerre, condition de la survie de l'indépendance. Le 15 mars 1777, le premier document juridique – les articles de la Confédération – attribue au Congrès le seul pouvoir de mener la guerre. Chaque État reste indépendant dans sa politique étrangère – il peut signer des accords avec d'autres puissances étrangères – et dans sa politique économique – il peut même taxer les produits importés des autres États confédérés.

Le besoin d'un texte plus abouti se fait sentir après le conflit. Une convention constitutionnelle, présidée par George Washington, se déroule à Philadelphie du 25 mai au 17 septembre 1787. Elle est à l'origine de la Constitution qui est toujours en vigueur aujourd'hui. L'unité n'est pas facile à constituer entre des territoires aux réalités différentes. Dans le Nord, une terre peu fertile oblige à développer les activités commerciales et maritimes. Dans le Sud, les terres fertiles permettent de développer une économie de plantation, produisant principalement du coton, très demandé dans la vieille Europe, et surtout en Angleterre.

Un compromis doit être trouvé (la difficulté de la tâche inviterait à dire « conquis ») entre les partisans d'un pouvoir central fort et les défenseurs de l'autonomie des États. La Constitution propose une synthèse subtile, construisant une Union fédérale partageant les pouvoirs avec les gouvernements de chaque État. Le gouvernement fédéral sera en charge des relations entre les États, de la politique extérieure, de la défense, du commerce extérieur tandis que les États conserveront leur souveraineté au sein du Congrès, notamment concernant le droit de déclarer la guerre.

La Constitution, acceptée le 17 septembre 1787, est la plus ancienne constitution écrite encore en application.

Comment expliquer que ce texte conçu pour un petit pays rural puisse encore faire autorité dans ce qui est devenu la première puissance du monde ? C'est précisément parce qu'il résulte d'un travail long et difficile, afin d'aboutir à un savant – et solide – équilibre entre l'unité (fédérale) et la diversité (des États).

La Constitution attribue des pouvoirs importants au niveau fédéral : relations diplomatiques, impôts, etc. Dans le même temps, la crainte de la tyrannie que pourrait entraîner un pouvoir central trop puissant conduit à l'adoption de la Déclaration des droits *(Bill of Rights)*. James Madison (1751-1836) en est le principal rédacteur. Il s'agit de protéger les droits de l'individu et des États fédérés de l'intrusion de l'État fédéral. Le dixième amendement affirme que les pouvoirs qui ne sont pas « délégués aux États-Unis par la Constitution, ni refusés par elle aux États, sont réservés aux États respectivement ou au peuple ». Ce sont les antifédéralistes, menés par Thomas Jefferson, qui imposent ces dix premiers amendements à la Constitution (1791). Les fédéralistes, menés par Alexander Hamilton (1757-1804) et John Adams, pensent au contraire que ce texte est inutile, prônant une unité plus forte autour de l'État fédéral.

2. **Assurer la liberté.** – Le fait de l'égalité en Amérique, comme l'affirmait Tocqueville, est fondamental. Même s'il y a des inégalités économiques importantes, qu'il y a l'esclavage – ce sont les Blancs, et pas les Noirs et les Indiens, qui composent la démocratie naissante –, il n'y a pas d'aristocratie comme dans les sociétés européennes. La naissance ne détermine pas les positions sociales. Cette égalité entre les Américains (blancs) est une donnée de base de la société américaine. Il est donc logique qu'elle n'en soit pas le but, qu'elle ne soit, comme pour la France, au cœur du projet fondateur. C'est donc bien

la « liberté » qui constitue la question principale de la Constitution. En cela, la démocratie américaine introduit une rupture dans l'histoire du monde. Pour Philippe Raynaud, « l'expérience américaine ne fait pas que prolonger la tradition des libertés anglaises, [...] elle est aussi une révolution des Droits de l'homme »[1].

Cette « liberté » commande le respect de la diversité. La diversité des lois – les unes relevant du fédéral, les autres des États fédérés – donne à l'observateur l'image d'un système politique baroque. Mais elle est, pour les Américains, la condition de leur démocratie. Les deux craintes des Pères fondateurs sont la tyrannie que peut exercer un roi – ils se sont battus contre George III qui régentait leur vie de l'étranger – et les excès populaires qui pourraient résulter d'une démocratie mal maîtrisée. La diversité institutionnelle est double. Elle est verticale : le pouvoir est réparti entre État fédéral, États fédérés et collectivités locales. Elle est horizontale : les pouvoirs exécutif, législatif et judiciaire se contrôlent mutuellement, selon un système de freins et de contrepoids *(checks and balances)*.

Le premier pouvoir défini par la Constitution est le pouvoir législatif : le Congrès, réuni au Capitole, est composé de deux chambres. Chacune d'entre elles a son utilité. Le Sénat entend respecter une stricte égalité entre les États : chaque État, petit ou gros, envoie un nombre équivalent de délégués (deux sénateurs élus pour six ans et renouvelables par tiers tous les deux ans). Si les petits États, comme le Connecticut, avaient été moins représentés que les gros, ils n'auraient trouvé aucun intérêt à entrer dans l'Union. En revanche, la Chambre des représentants est l'émanation de la démocratie

1. Philippe Raynaud, *Trois Révolutions de liberté, Angleterre, Amérique, France*, Paris, Puf, « Léviathan », p. 149.

populaire. Les 435 membres, élus tous les deux ans, sont répartis en proportion de l'importance démographique de chaque État. Si les plus gros États, comme la Virginie, n'avaient pas été mieux lotis que les plus petits, ce sont eux qui n'auraient trouvé aucun intérêt à l'Union.

Quant au pouvoir exécutif, défini par l'article 2, il est confié à un président élu pour quatre ans par l'ensemble de l'Union. Il est à la fois chef de l'État et chef du gouvernement. Son mode de désignation s'effectue en deux étapes. Le peuple élit, à l'intérieur de chaque État, de grands électeurs. Ces derniers, constitués en collège électoral, désignent ensuite le président à la majorité absolue.

L'article 3 de la Constitution définit le pouvoir judiciaire, et en particulier la Cour suprême, composée de neuf juges nommés à vie par le président. Son président porte le nom de *Chief Justice*. La Cour suprême est à la fois la plus haute des cours d'appel, et elle veille également à la constitutionnalité des lois. Elle a eu un rôle fondamental dans l'évolution du pays (déségrégation, droit à l'avortement, etc.) en rendant des arrêts qui interprètent la Constitution en fonction des cas concrets qui lui sont présentés. Le constitutionnaliste Ronald Dworkin compare la « chaîne du droit » à l'écriture d'un grand roman composé par des auteurs qui se suivent dans le temps. Chaque romancier doit prendre en compte les parties précédentes pour écrire son propre chapitre. Il doit s'appliquer à ce que le roman conserve une unité suffisante pour constituer un récit cohérent.

La diversité du système politique se décline à l'échelle locale, chaque État ayant ses propres institutions élues : gouverneur, tribunaux, districts scolaires, etc. Plus de la moitié des États fédérés et des localités organisent des référendums, des mesures dites « de scrutin » ou des « questions soumises au vote », ce qui donne à la démocratie locale un caractère de démocratie directe. Cette forte diversité est peu médiatisée, tant l'attention se polarise désormais sur le président. Mais cette unité institutionnelle est une unité de façade. Il ne faut pas surestimer les pouvoirs du président ou occulter les contre-pouvoirs qui peuvent contrecarrer ses projets. Ce qui fait que le président semble au centre de tout tient en ce qu'il incarne seul la nation. À la différence du législatif et du judiciaire où l'exercice du pouvoir se fait collectivement, la question de l'unicité de l'exécutif a fait l'objet d'un débat au moment de l'élaboration de la Constitution. James Wilson (1742-1798) y défend l'idée d'un exécutif composé d'une seule personne. Les délégués se sentent gênés de devoir discuter ce point en présence de George Washington, pressenti pour occuper le poste. Puis Edmund Randolph (1753-1813), originaire de la Virginie, combat la motion de Wilson. Il estime qu'un seul exécutif conduirait au risque d'un gouvernement monarchique. Il propose un comité de trois personnes. Mais James Wilson défend sa motion – qui pourra être tenue pour responsable d'abus ou d'incompétences si la direction est collégiale ? – convainquant ainsi les délégués à voter en faveur d'un exécutif unique.

II. – Le pluralisme démocratique

1. **Le fédéralisme.** – La démocratie américaine associe l'exigence d'une Union fédérale efficace et la nécessité de limiter son autorité pour qu'elle ne soit pas absolue. Dans cette perspective, l'État fédéral et les États fédérés sont subordonnés au pouvoir suprême du peuple, ce qui les rend égaux l'un par rapport à l'autre. Les deux niveaux du gouvernement exercent leur autorité

sur les mêmes personnes et sur le même territoire. Le gouvernement fédéral ne peut agir qu'avec la coopération des États fédérés. Pour le politologue Thierry Chopin, seule la balance d'une pluralité de pouvoirs, sous la suprématie du peuple, est « à même de concilier l'efficacité du pouvoir et la protection des droits et de la liberté des États et des individus »[1]. Cette hybridité serait le talon d'Achille de la démocratie américaine, car les différends peuvent se multiplier entre deux autorités toutes deux légitimes. L'équilibre est précaire entre unité et diversité, et la tension permanente entre autorité fédérale et autonomie des États. À la fin du XVIIIe siècle, les fédéralistes – George Washington, Alexander Hamilton – prônent une autorité fédérale aux pouvoirs renforcés. À l'inverse, les antifédéralistes – Thomas Jefferson ou Spencer Roane (1762-1822) – estiment que l'Union doit être une simple confédération dans laquelle les États conservent leurs prérogatives. Au moment de l'élaboration de la Constitution, James Madison pensait qu'il y avait plus à craindre d'un empiétement des droits des États sur la Fédération : « Il a été présenté des considérations importantes qui ne permettent pas de croire que l'exercice du gouvernement fédéral deviendra jamais fatal aux gouvernements des États. Plus j'y réfléchis, plus je suis persuadé que l'équilibre sera rompu par la prépondérance des derniers plutôt que du premier. »[2]

Toutefois, trois événements au cours du XXe siècle ont conduit à l'évolution inverse, celle d'une expansion des pouvoirs fédéraux au détriment de ceux des différents États. Tout d'abord, les programmes mis en

1. Thierry Chopin, *La République « une et divisible ». Les fondements de la Fédération américaine*, Paris, Plon/*Commentaire*, 2002, p. 311-312.

2. *Le Fédéraliste* n° 45 (Madison), p. 381. Cité par Thierry Chopin, *ibid.*, p. 286.

place au moment du New Deal du président Franklin Roosevelt ont accru le rôle du gouvernement fédéral. Ensuite, durant les années 1950 et 1960, les Noirs se tournent vers les instances fédérales pour qu'elles les défendent contre le gouvernement de leur État. La Cour suprême, en particulier, soutient les droits civiques en invalidant la ségrégation raciste mise en place par les États du Sud. Enfin, la guerre froide a renforcé les pouvoirs du président, menant à ce que l'historien Arthur M. Schlesinger a désigné sous le terme de « présidence impériale ».

2. **Une démocratie « polyarchique ».** – L'unité de la nation repose sur la diversité des intérêts et des opinions. C'est le paradoxe que développe James Madison dans le *Fédéraliste*. Dans une république, des groupes – Madison les nomme « factions » – défendent des intérêts particuliers et s'opposent apparemment au bien commun. Pour lui, la solution n'est pas d'occulter ces factions – elles sont l'émanation de la liberté du régime –, mais de permettre leur épanouissement, afin qu'elles se neutralisent mutuellement. Les « factions » doivent même être encouragées, dans la mesure où elles empêchent la majorité de s'emparer des institutions. Les citoyens, appartenant à une pluralité de factions, ont des intérêts contradictoires. Ils ne sont donc pas astreints à une allégeance exclusive. Les identités multiples forment le cœur du fonctionnement démocratique. Contrairement à la France, elles ne sont pas soupçonnées d'entamer l'unicité du corps politique. Madison explique cette ouverture par l'expérience de la pluralité confessionnelle dans l'Angleterre d'où étaient partis les colons. Robert Dahl, professeur à l'université de Yale, remet en cause la séparation des pouvoirs telle qu'elle fonctionne aux États-Unis, qu'il oppose à la notion

de « démocratie polyarchique »[1]. Pour lui, il convient d'engager une réflexion sur les conditions sociales de la démocratie. Par exemple, il exprime des doutes sur la capacité pour la Cour suprême d'empêcher les majorités politiques de porter atteinte au fonctionnement de la démocratie. Dans ce contexte, l'unité serait prétexte à l'imposition d'un modèle hégémonique. Pour Dahl, seule la multiplication d'organisations disposant d'une forte autonomie permet un contrôle des citoyens sur le gouvernement. L'État ne doit pas être seul en charge du bien commun. Les groupes de pression – les lobbies – sont inséparables d'un fonctionnement équilibré du système, dans la mesure où ils sont des corps intermédiaires entre la société civile et les décideurs publics. Ces lobbies sont prévus par le premier amendement de la Constitution, qui dispose que le peuple a le droit « d'adresser des pétitions au gouvernement pour le redressement de ses griefs ». Le « pluralisme dans le droit »[2] est donc une condition de la cohésion démocratique. Il ne saurait être assimilé à un « communautarisme diviseur », comme pourrait le laisser penser une interprétation « française », pour qui la diversité serait *a priori* suspecte de remettre en cause l'intérêt général.

1. Robert Dahl, *A Preface to Democratic Theory*, Chicago, Chicago University Press, 1956.

2. Françoise Michaut, « Pluralisme et communautarisme dans la culture et le droit aux États-Unis », *in* Philippe Raynaud et Elisabeth Zoller (dir.), *Le Droit dans la culture américaine*, Paris, Éditions Panthéon-Assas, 2001.

Chapitre III

L'UNITÉ TERRITORIALE EN MARCHE (1790-1890)

« Go West Young Man. »
Horace Greeley (1865).
« Vendre nos terres ? Pourquoi ne pas vendre l'air, les nuages, et la mer ? »
Le chef Tecumseh (1810).

Ces phrases en exergue expriment les deux logiques contradictoires, qui tout au long du XIXe siècle vont s'affronter sur l'immense territoire nord-américain. La victoire armée de la première, l'anglo-américaine, sur la seconde, l'amérindienne, fondera l'identité du pays que l'on connaît aujourd'hui. Les États-Unis se sont forgés à travers la conquête d'un vaste territoire, dans la projection vers un ailleurs que les pionniers imaginaient meilleur. La « frontière » au sens américain est la ligne qui doit être franchie, la barrière qui doit être dépassée et non, comme en Europe, celle qui délimite ou qui enferme. Cet élément dynamique contribuera à forger pour des générations d'Américains la valeur d'action comme un élément essentiel de leur cohésion. C'est dans la projection commune vers l'avant que se forgera l'unité. C'est pour cette raison que le candidat J.-F. Kennedy, un siècle après la conquête de l'Ouest, proposera aux Américains de se projeter vers une « Nouvelle frontière » *(New frontier)*. Dans son discours à la convention démocrate (15 juillet 1960), il leur propose

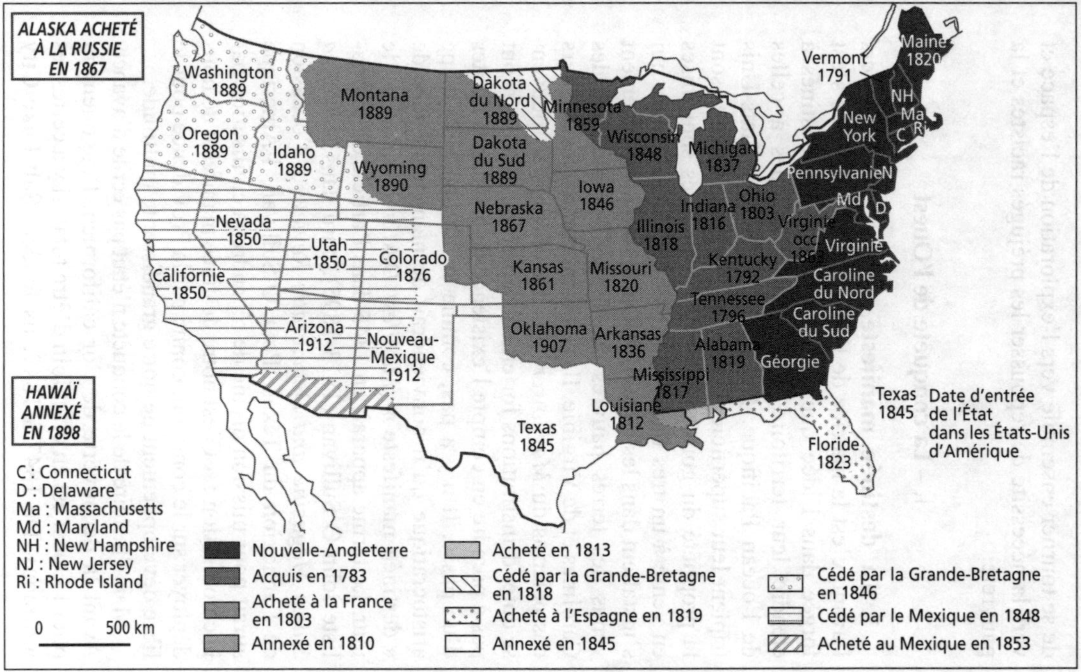

Carte 2. – **L'expansion vers l'Ouest**

de se tourner ensemble vers l'exploration de l'espace et vers la nécessité de repousser les préjugés racistes et la pauvreté.

I. – La conquête de l'Ouest

1. **La destinée manifeste.** – Aller ensemble vers l'avant, c'est la matrice de l'unité américaine. Elle s'est forgée dans l'idée que les Américains sont destinés à étendre leur territoire, des côtes atlantiques à celles de l'océan Pacifique. De 1803 à 1853, les États-Unis triplent leur superficie. Les terres vierges conquises sont la propriété du gouvernement fédéral. Elles sont mises en vente à un très bas prix (un dollar l'acre). Ceux qui s'installent dans les terres de l'Ouest sont principalement venus des terres pauvres de Nouvelle-Angleterre, des Carolines et de Virginie. Ils se vivent comme les héritiers des pèlerins du *Mayflower*. Les nouveaux États peuvent se doter d'institutions fortement démocratiques. Ils n'ont pas à prendre en compte l'existence de privilèges hérités d'un passé. Il n'y a pas, comme en Europe, un groupe aristocratique qu'il conviendrait de ménager. L'idée de « destinée manifeste » *(Manifest Destiny)* voit alors le jour. Le terme apparaît en 1845 dans l'article du journaliste John O'Sullivan (1813-1895), paru dans le *United States Magazine and Democratic Review*, à l'occasion de l'annexion du Texas. Pour O'Sullivan, l'Amérique aurait pour mission divine de répandre la civilisation par la colonisation : « C'est notre destinée manifeste de nous déployer sur le continent confié par la Providence pour le libre développement de notre grandissante multitude. »

Mais l'histoire de la conquête n'était pas écrite d'avance. Avant la découverte de l'or californien, l'engouement pour l'Ouest est en effet loin d'être total. Il y a certes les mormons. De 1847 à 1849, ils fondent Salt Lake City dans l'Utah (« la terre du miel »), ayant fui les persécutions religieuses après le lynchage de leur prophète Joseph Smith. Il y a aussi quelques fermiers et des artisans ruinés par les crises économiques. Mais la crainte qu'inspirent les Indiens, les difficultés de communication, le récit de certains colons qui expriment leur désillusion dissuadent encore de nombreux candidats au départ.

C'est la découverte de l'or qui lance le mouvement de peuplement massif de l'Ouest. Le 24 janvier 1848, James Marshall découvre de l'or dans le canal de fuite du moulin qu'il avait construit pour John Sutter, un entrepreneur suisse qui avait acquis une concession de plus de 200 km². Des milliers de ceux que l'on appellera les *Forty-Niners* (les hommes arrivés en 1949) arrivent par la piste de la Californie. San Francisco est le principal port d'arrivée, qui voit débarquer des Asiatiques, des Sud-Américains, des Australiens, des Européens. Au total, ce sont plus de 300 000 personnes qui s'installent en Californie entre 1848 et 1854. Lorsque la fièvre de l'or atteint le territoire des Sioux, le chef indien Black Elk (1863-1950) évoque ce « métal jaune qui rend les Blancs fous ». D'autre part, la découverte d'importants filons d'argent dans l'Ouest du Nevada en 1858 donne naissance aux villes de Virginia City, Carson City et Silver City. Après les découvertes de Californie et du Nevada, les mineurs quittent ces régions et cherchent de l'or dans les montagnes Rocheuses et dans le Sud-Ouest. De l'or est découvert dans le Colorado, l'Utah, l'Arizona, le Nouveau-Mexique, l'Idaho, le Montana et le Dakota du Sud. Ces hommes de l'Ouest sont les premiers à se faire photographier aux côtés de leur découverte. La publication de leur réussite crée sur la côte atlantique une mythologie de l'Ouest qui alimente les départs. Au-delà de la richesse du sous-sol, c'est aussi la terre qui attire les hommes. L'Ouest devient dans le dernier quart du siècle le grenier à blé du pays.

Beaucoup de « villes champignons » poussent dans ce Far West, notamment près des mines. Construites hâtivement, leur croissance est anarchique. L'absence de justice – shérifs et marshals n'arrivent que progressivement – laisse place aux brigands. Les pionniers voyagent seuls, sans leur famille. Dans cet univers d'hommes, les loisirs se limitent au jeu, aux prostituées et à l'alcool. Les conflits se règlent à coups de poing ou par armes à feu. Des groupes d'autodéfense se constituent, nés de l'exaspération de la population face à l'impunité. Les méthodes sont expéditives. La pendaison immédiate est fréquente. Entre 1849 et 1902, plus de 200 mouvements de *vigilantes* assurent la Loi et l'Ordre *(Law and Order)*. Les cow-boys qui arrivent en ville avec leur bétail sont vus comme une source de problèmes. On est loin de l'image de l'homme blanc qu'offrent les westerns. Nombre d'entre eux sont d'origine mexicaine et travaillent pour des ranchs. L'Ouest produit un banditisme social à l'image de Cortina, le défenseur des pauvres *peones*. Billy the Kid, le gang Doolin-Dalton en Oklahoma ou Sam Bass au Texas s'attaquent à des institutions détestées de la population, comme les banques ou les chemins de fer. Nombre de fermiers spoliés par les compagnies se réjouissent donc des malheurs de ces institutions.

2. **Le mythe de la « frontière ».** – Alors que le recensement de 1880 établit encore une *Frontier strip*, allant du Dakota du Nord au Texas, l'existence officielle de la *frontière*, c'est-à-dire du front pionnier, prend fin en 1890. En 1893, dans son discours prononcé lors de la réunion annuelle de l'American Historical Association *(The Significance of Frontier in American History)*, l'historien Frederick Jackson Turner affirme que la « frontière »

est un mythe fondateur de l'esprit américain. Les colons ont vécu dans une nature qu'ils percevaient comme vierge et qu'il leur a fallu conquérir en faisant preuve d'esprit d'initiative. La frontière les aurait délivrés du fardeau de l'habitude en « offrant de nouvelles expériences, en faisant appel à de nouvelles institutions et à de nouvelles activités ». Selon Turner, « la démocratie américaine est née dans la forêt », depuis les premiers pionniers qui s'étaient éparpillés le long des fleuves de la côte, nommant « ligne des chutes » *(fall line)* l'endroit où les chutes rendaient ces fleuves impraticables. Chaque région de l'Amérique a formé à un moment donné une frontière, les bourgades frontalières se transformant par la suite en communautés modernes.

Les vallées des Appalaches constituent le premier creuset de l'Amérique, où se mêlent Irlandais et Allemands, épiscopaliens et catholiques. C'est ce qu'on nomme l'Old West. Après la guerre d'Indépendance, les Américains franchissent les Appalaches et partent à la conquête du Middle West. C'est enfin le Far West qui s'est ouvert aux colons américains. Quand les pionniers atteignent la côte pacifique, et que la Frontière disparaît, naît ce que Turner appelle les « provinces physiologiques » : le Nord et le Sud, le Nord-Ouest, le Sud-Ouest, la Nouvelle-Angleterre et le Middle West.

L'Ouest était vu comme le lieu de toutes les opportunités, un éden où l'on pouvait recommencer sa vie, un refuge pour les exclus. L'histoire de l'Ouest était un roman racontant la destinée d'une nation en formation. La « Nouvelle Histoire de l'Ouest » a jeté un regard critique sur les racines mythiques de cette histoire, notamment sur sa tendance à magnifier la mission des populations euro-américaines au détriment des peuples indigènes. Cette histoire de l'Ouest s'est accompagnée de violences, de racisme, de perturbation de l'écosystème, etc. Selon l'historien Donald Worster, une des faiblesses de la théorie de Turner est de méconnaître la dimension géographique réelle de l'Ouest américain : l'eau, l'aridité, la maîtrise technique[1]. La question du contrôle de l'eau – une ressource vitale dans une région aride – invite à réviser l'idée d'un égalitarisme dans l'Ouest. L'eau n'était pas un bien public et faisait donc l'objet d'une concurrence privée pour son appropriation. Quant à l'historien William Cronon, il propose de sortir de la dimension strictement régionale pour envisager la frontière « en tant que processus »[2]. L'histoire américaine doit se départir de son exceptionnalisme, car les États-Unis se sont développés au sein d'un système global de relations. David Montejano envisage cette histoire dans une approche transfrontalière États-Unis-Mexique[3]. William Brandon reproche à Turner de considérer les Indiens non comme un peuple à part entière, mais comme un simple obstacle à la progression vers l'ouest[4].

Turner ne rend pas compte également des bouleversements écologiques de cette conquête. Microbes et virus ont accompagné l'arrivée des colons. La variole, le typhus, le choléra ont décimé les tribus. Le commerce des peaux et de la fourrure a bouleversé les écosystèmes : disparition du castor dans les Rocheuses, de la loutre sur la côte pacifique, etc. À partir de 1830, les bisons sont massivement chassés et alimentent le marché des peaux. C'est ainsi que Buffalo Bill (1846-1917) construit sa

1. Donald Worster, *Rivers of Empire: Water, Aridity, and the Growth of the American West*, New York, Pantheon Books, 1985.

2. William Cronon, *Changes in the Land: Indians, Colonists, and the Ecology of New England*, 20th Anniversary Edition, Hill & Wang, 2003.

3. David Montejano, *Anglos and Mexicans in the Making of Texas, 1836-1986*, Austin, University of Texas, 1987.

4. William Brandon, *The Last Americans: the Indian in American Culture* (1974) et *The Rise and Fall of North American Indians: from Prehistory through Geronimo* (2003).

légende. Le bison tenant une grande place dans la religion et la cosmologie indiennes, sa disparition déstructure les croyances.

3. **La résistance indienne.** – Les ex-colonies, devenues indépendantes, deviennent à leur tour colonisatrices. L'ordonnance du Nord-Ouest (1787) marque le début de l'expansion américaine à l'ouest des Appalaches. Bien que la guerre ne soit jamais officiellement déclarée par le Congrès des États-Unis, l'armée américaine fait constamment la guerre aux Indiens de 1778 à la fin du XIXe siècle. L'historien Howard Zinn rappelle que les gouvernements américains ont signé plus de 400 traités avec les Indiens et qu'ils « les ont tous violés, sans exception »[1]. Dans les manuels scolaires américains, le terme de « massacre » (*Fetterman Massacre, Little Big Horn Massacre*) sert aujourd'hui encore à désigner les défaites militaires de l'armée américaine face aux Indiens, les civils attaqués par les tribus étant le plus souvent des colons armés occupant les terres indiennes. Le 28 mai 1830, le président Andrew Jackson fait voter l'*Indian Removal Act* qui prévoit de déporter les Indiens vivant à l'est du Mississippi à l'ouest du fleuve. Il s'agit d'exploiter l'or situé sur leur territoire en installant les milliers de migrants venus d'Europe. Cette loi est déclarée anticonstitutionnelle par la Cour suprême, mais le président Andrew Jackson (1767-1845) met au défi John Marshall (1755-1835), le président de la Cour, d'appliquer cette décision : « Il a pris sa décision ; qu'il la mette en œuvre. » En 1838, Andrew Jackson envoie l'armée en Géorgie pour déporter les Cherokees en Arkansas puis en Oklahoma. Cet épisode

1. Howard Zinn, *Une histoire populaire des États-Unis. De 1492 à nos jours*, Marseille, Agone, 2002, p. 592.

est connu sous le nom de « Piste des larmes », une piste qui conduit beaucoup d'Indiens à la mort. Le général Winfield Scott (1786-1866) procède de force au grand « dérangement » des Cherokees. Selon l'historien Grant Foreman, 18 000 Cherokees ont alors pris la route de l'exil et 4 000 en seraient morts.

La guerre des Sioux débute en 1862 et aboutit à la plus importante exécution de masse de l'histoire des États-Unis. Sur 2 000 Amérindiens capturés pendant cette guerre, 303 sont condamnés à mort et 38 sont exécutés par pendaison à Mankato. Le conflit dure tout au long du siècle, jusqu'au massacre de Wounded Knee (29 décembre 1890) dans lequel 150 à 300 membres de la tribu Lakota Miniconjou, dont des dizaines de femmes et d'enfants, sont tués par l'armée des États-Unis. Certaines batailles de cette guerre sont restées dans la mémoire collective américaine, comme celle de Little Big Horn (25 juin 1876) où le lieutenant-colonel Custer (1839-1876) et 260 de ses hommes sont tués par les Cheyenne de Two Moon (1847-1917) et les Sioux des chefs Sitting Bull (1831-1890) et Crazy Horse (1842-1877).

L'adversité pour les pionniers, c'est également la nécessité de domestiquer une nature difficile. Cette dimension environnementale est une composante essentielle de la civilisation américaine. On la retrouve dans les textes de Henry David Thoreau (1817-1862). Son œuvre majeure – *Walden ou la Vie dans les bois* (1854) – est le récit de sa vie passée dans une cabane pendant deux ans, deux mois et deux jours, à l'intérieur d'une forêt appartenant à son ami Ralph Waldo Emerson. Pour beaucoup, ce style de vie authentique – construire sa cabane, être capable de se suffire à soi-même – est indissociable du caractère américain.

II. – Les conditions de la conquête

1. **Immigration et révolution des transports.** – L'idée de « destinée manifeste » s'inscrit dans un contexte social et économique. Les défenseurs de l'expansion territoriale sont confortés dans leur conviction par l'explosion démographique liée à l'afflux d'immigrants venant d'Europe. La population américaine passe de 5 millions en 1800 à plus de 23 millions en 1850. Il faut s'étendre sur de nouveaux territoires pour répondre à cette croissance rapide. Quatre millions d'Américains ont migré vers les territoires de l'Ouest entre 1820 et 1850. Ce mouvement est également renforcé par les dépressions économiques de 1818 et de 1839 qui conduisent de nombreuses personnes à rechercher de quoi vivre sur la frontière. Une architecture spécifiquement américaine accompagne la forte croissance urbaine, avec l'émergence des gratte-ciel à la fin du XIXe siècle. C'est l'École de Chicago.

Mais c'est la révolution des transports qui constitue la condition majeure de la conquête. Les colons peuvent bénéficier des pistes de l'Oregon (Oregon Trail) ou de Californie. Ils voyagent dans les chariots bâchés que les westerns immortaliseront. La piste de Santa Fe est empruntée dès le début du XIXe siècle. Dans les années 1830, c'est le raccourci de la Cimarron qui est privilégié plutôt que la voie accidentée de Raton Pass. En 1858, les lignes de diligences assurent des liaisons régulières entre San Francisco et Saint-Louis. Les pistes sont par la suite délaissées au profit de la voie de chemin de fer. Le chemin de fer relie Baltimore à l'Ohio en 1850. Le pays compte 25 000 km de lignes en 1855. Le premier chemin de fer transcontinental est achevé en 1869.

La maîtrise du territoire passe également par la mise en place du Pony Express : inventé par William Russel en 1860, le premier service postal va du Missouri à la côte Ouest. Le courrier était acheminé dans des sacoches par des cavaliers, jusqu'à ce que le télégraphe continental inventé par Samuel Morse en 1861 permette une liaison instantanée entre les deux extrémités du pays. Un réseau de 80 000 km de fils télégraphiques est aménagé. C'est le début de l'industrie des télécommunications.

Le canal Érié (1817-1824) reliant l'Hudson au lac Érié établit une voie fluviale entre l'océan Atlantique et les Grands Lacs. Il fait la prospérité de New York et de Buffalo. En 1848, le canal Illinois-Michigan permet aux bateaux circulant sur les Grands Lacs de rejoindre le Mississippi en passant par Chicago. La population de la ville est multipliée par 20 entre 1840 et 1860 ! Les bateaux à vapeur parcourent le Mississippi. La ville de Saint-Louis profite de sa position de confluence.

2. **Un fort volontarisme politique.** – L'expansion territoriale est également le résultat d'une forte volonté politique. Cette dernière se traduit par des achats ou des guerres. En 1803, la taille du pays double avec la vente de la Louisiane par Napoléon Bonaparte. L'année suivante, le président Thomas Jefferson envoie l'expédition Lewis et Clark qui reconnaît ces nouveaux espaces en remontant le Missouri.

James Monroe (1758-1831) occupe la présidence de 1816 à 1825. Sous son mandat, l'Espagne cède la Floride (1819). En 1823, Monroe présente une nouvelle conception de la politique internationale. Les Américains s'interdisent de se mêler des affaires européennes, mais en retour ils demandent aux puissances européennes de s'abstenir de toute intervention dans les affaires américaines. Cette « doctrine Monroe » est une légitimation théorique de l'hégémonie américaine dans sa sphère d'influence. Le 2 décembre 1845, le président James Polk (1795-1849) annonce au Congrès que la doctrine Monroe doit être mise en œuvre et que les États-Unis doivent s'étendre vers l'ouest et atteindre le Pacifique. Les responsables politiques sont en particulier convaincus de l'intérêt stratégique et commercial d'avoir des ports établis sur la côte Ouest, dans la concurrence avec la Grande-Bretagne pour le marché asiatique. Il faut pour cela prendre des terres au Mexique. Le gouvernement mexicain refusant de vendre, James Polk décide d'envoyer des troupes dites d'observation à la frontière entre le Mexique et les États-Unis. Un incident sert de prétexte au conflit. La victoire rapide des Américains leur permet de gagner la plupart des territoires du Sud-Ouest par le traité de Guadalupe Hidalgo (2 février 1848). Plus de la moitié du territoire mexicain est désormais américain : Californie, Nevada, Utah, Arizona, une partie du Nouveau-Mexique, du Wyoming et du Colorado. En 1846, le territoire qui forme l'Oregon a été acheté au Royaume-Uni. En 1867, l'Alaska est acheté à la Russie. En 1898, le royaume d'Hawaï est annexé, ce qui achève la formation du territoire que nous connaissons aujourd'hui.

Comment maintenir l'unité d'un territoire aussi vaste ? Les risques de dissension entre les deux extrémités du pays sont en partie résolus par la révolution des transports, mais principalement par l'attachement commun aux institutions politiques. En novembre 1828, Andrew Jackson (1767-1845) devient le premier président issu de l'Ouest. Ayant basé sa carrière dans le Tennessee naissant, il est considéré comme un « homme de la frontière ». Décrié par certains pour son soutien à la déportation des Indiens à l'ouest du Mississippi ou à l'esclavage, il est admiré par les autres pour sa fermeté. Son surnom, *Old Hickory*, fait référence à la dureté du bois de noyer. Son élection met fin à la longue série de présidents virginiens et symbolise la fin de la captation de la magistrature suprême par les États issus des colonies fondatrices. L'Ouest, incarné par ce nouveau président, est désormais au cœur de Washington. C'est un symbole fort. Nul ne peut plus douter qu'il appartient pleinement à l'Union. En tant que président, Jackson renoue avec la tradition jeffersonienne de respect de la diversité des États. Il s'attaque au privilège de la banque fédérale qui incarne pour les États de l'Ouest le capitalisme de l'Est. Abraham Lincoln (1809-1865) peut lui aussi être considéré comme un « frontalier ». C'est lui, par le *Homestead Act* (1862), qui distribue des terres aux pionniers pour une bouchée de pain.

Mais l'expansion vers l'ouest ne peut faire oublier l'émergence d'une autre question mêlant géographie et politique, celle de la tension grandissante entre le Nord et le Sud. Les sudistes sont des défenseurs de l'expansionnisme. De nouveaux États esclavagistes renforceraient en effet le pouvoir politique du Sud à Washington. Ils constitueraient en outre un débouché pour sa population d'esclaves. La révolution industrielle conduit également à un approfondissement des inégalités en germe depuis la naissance du pays, entre un Nord plus urbain et industrialisé et un Sud demeurant presque exclusivement rural et agricole.

Chapitre IV

LES ÉTATS DÉSUNIS (1863-1877)

« Le Sud demeure une blessure ouverte, béante. »

Henry Miller.

La guerre civile implique entre 1861 et 1865 les États-Unis (l'« Union ») dirigés par Abraham Lincoln et les États confédérés d'Amérique (la « Confédération ») dirigés par Jefferson Davis (1808-1889). Ces derniers comptent 11 États du Sud qui ont fait sécession des États-Unis. L'Union réunit tous les États abolitionnistes et cinq États « frontaliers » esclavagistes. Un inventaire récent a recensé plus de 50 000 livres publiés sur la guerre de Sécession ! L'historien Shelby Foote appelle la guerre de Sécession le « carrefour de notre devenir »[1]. James McPherson, un autre historien, la décrit comme « la guerre qui ne disparaîtra jamais »[2]. La plupart des manuels scolaires américains divisent l'histoire du pays en deux périodes : la première commence en 1492 et s'achève à la fin de la Reconstruction (après la guerre) ; la seconde partie va de cette époque à nos jours. De nombreux termes ont été utilisés pour désigner

1. Cité dans Duncan Andrew Campbell, « La guerre de Sécession », *Revue d'histoire du XIXe siècle*, 35, 2007, p. 141-159.

2. James McPherson, *Drawn with the Sword: Reflections on the American Civil War*, Oxford, Oxford University Press, 1997.

ce conflit : l'Union l'appelait la « guerre de rébellion » ; les États sudistes défaits la nommaient la « guerre entre les États », la « guerre d'indépendance du Sud » ou la « guerre d'agression du Nord » *(the War of Northern Aggression)*. Aujourd'hui, le terme de *Civil War* est communément accepté et utilisé par les spécialistes.

I. – Les divergences Nord-Sud

1. **Droits de douane et esclavage.** – La guerre contre l'Angleterre a soudé les colonies dans l'opposition à un ennemi commun. Mais l'unité est un équilibre fragile. Elle reste un idéal plus qu'un acquis définitif. Les dissensions sont aussi anciennes que l'idée d'unité. Les petits États craignent toujours que les gros États n'imposent leur vue, comme ils l'ont fait au sujet du tracé des frontières ou de l'exploitation des fleuves. Dès 1787, lors d'une querelle de frontière entre la Virginie et le Maryland, l'État fédéral montre son impuissance à régler ces différends. Jaloux de leur indépendance, les États du Sud ne souhaitent pas passer d'une simple union d'États à un « État d'union » dans lequel ils seraient sous la coupe du gouvernement central.

Protectionniste, le Nord est tourné vers le marché intérieur. Il s'urbanise et s'industrialise. À l'inverse, le Sud a intérêt au libre-échange. Il reste une société essentiellement agraire, qui dépend de l'exportation de son coton, notamment vers l'Angleterre en pleine révolution industrielle. L'opposition entre ces deux conceptions économiques éclate en 1832. Le Congrès fédéral, dominé par le Nord hostile au retour des produits anglais, ordonne des droits de douane qui menacent l'économie du Sud.

L'esclavage constitue une autre épine dans le pied de l'Union. Il a été aboli dans les États du Nord, qui disposent d'une main-d'œuvre disponible et à bon marché. Or, l'économie de plantations du Sud dépend de ce système. Les États esclavagistes disent craindre des massacres similaires à ceux de Saint-Domingue, notamment dans les États comme la Caroline du Sud ou le Mississippi où la population blanche est minoritaire. Ils vont jusqu'à justifier l'esclavage comme un moyen de cohabitation pacifique entre Noirs et Blancs, un mode de vie qu'ils entendent préserver.

Les sudistes obtiennent de l'Union que les débats sur l'esclavage soient interdits au Congrès entre 1836 et 1844. Toutefois, un mouvement abolitionniste commence à se faire entendre, notamment grâce aux intellectuels tels que Thomas Paine (1737-1809) qui considère l'esclavage comme étant contraire à la Déclaration d'indépendance, mais également par le biais de mouvements religieux comme les Quakers. Ce mouvement conduit des actions de différentes natures : pétitions envoyées au Congrès, aides aux fugitifs par la mise en place de réseaux d'évasions clandestins, où s'illustrera Harriet Tubman (1820-1913). La littérature joue un rôle essentiel dans la sensibilisation de l'opinion publique. En 1845, Frederick Douglas (1818-1895) publie le récit de son passé d'esclave. En 1852, Harriet Beecher-Stowe (1811-1896) publie *La Case de l'oncle Tom* qui connaît un fort retentissement.

L'expansion vers l'ouest est également un facteur de dissension. C'est l'occasion de se disputer les faveurs des nouveaux États. Le Sud espère trouver dans l'Ouest un soutien pour le maintien de l'esclavage. Le Nord voudrait au moins stopper la propagation de l'esclavage dans ces nouveaux territoires. C'est avec la guerre contre le Mexique en 1846-1848, au cours de laquelle les États-Unis annexent plus de la moitié du territoire mexicain, que s'exacerbe la tension. Au Congrès, les représentants du Nord et de l'Ouest entendent déclarer tout territoire mexicain annexé « terres libres » *(free soil*, c'est-à-dire dépourvu de Noirs, qu'ils soient esclaves ou libres). Le compromis de 1850, qui divise le territoire en États libres et en États esclavagistes, ainsi que l'introduction de la loi sur les esclaves fugitifs, qui oblige le gouvernement fédéral à capturer et à renvoyer les esclaves fugitifs, calment temporairement les passions.

2. **La fin des compromis.** – C'est la culture du compromis qui a maintenu l'unité en dépit des dissensions. En 1820, un premier compromis est conclu autour de la ligne Mason-Dixon, du nom des deux géomètres britanniques qui l'ont dessinée. Une démarcation permet d'équilibrer l'Union. Composée de 22 États, la moitié est esclavagiste et l'autre libre. L'État du Missouri, esclavagiste, est créé à cette occasion. La scission du Maine et du Massachusetts, qui entre dans les États libres de l'Union, permet néanmoins de maintenir l'équilibre. En 1850, le Congrès, au prix de débats difficiles, décide que la Californie appartient aux territoires dits libres de l'Union et que les territoires annexés au Mexique (Nouveau-Mexique et Utah) pourront décider eux-mêmes. Cela ne suffira toutefois pas à éviter la scission.

L'élément déclencheur du conflit intervient le 6 novembre 1860. C'est l'élection d'Abraham Lincoln comme président des États-Unis. Les États du Sud la vivent comme une déclaration de guerre. Le 20 décembre 1860, la Caroline du Sud, qui surnomme Lincoln le « Black Republican », décide de rompre avec la Fédération : « L'union qui existe aujourd'hui entre la Caroline du Sud et les autres États, sous le nom d'États-Unis d'Amérique est dissoute. » Se réclamant de l'héritage des révolutionnaires de 1776, les rues de Charleston, capitale de la Caroline du Sud, résonnent au son de la Marseillaise considérée comme hymne de la résistance.

Le 4 février 1861, à Montgomery, la Caroline du Sud est rejointe par le Mississippi, la Floride, la Géorgie, le Texas, l'Alabama et la Louisiane. Ces sept États adoptent une constitution de la Confédération. Le 18 février, ils investissent comme président Jefferson Davis qui annonce que les États confédérés sont prêts à faire la guerre. Le 23 février, à Baltimore, une tentative d'attentat destinée à assassiner Lincoln avant son investiture est déjouée. Lincoln souhaite restaurer l'Union. Il donne des gages au Sud, expliquant que son but n'est pas de détruire l'esclavage. Il envoie des émissaires dans le Sud afin de négocier. En vain. La guerre civile éclate soixante-dix ans seulement après la création du pays. Elle met fin à la culture du compromis.

II. – La guerre de Sécession (1861-1865)

1. **La « maison divisée ».** – Lors des élections sénatoriales de 1858, Abraham Lincoln affirmait : « Une maison divisée ne peut tenir debout indéfiniment. Je pense que ce gouvernement ne peut pas durer moitié libre moitié esclavagiste. [...] Il doit devenir ou tout l'un ou tout l'autre. » Pendant quatre ans, la division sera armée. La déchirure traversera les familles. Et les plus célèbres d'entre elles : huit des treize frères de l'épouse même du président Lincoln, native du Kentucky, choisiront le camp du Sud !

Les hostilités commencent le 12 avril 1861, lorsque les forces confédérées attaquent une installation militaire de l'Union à Fort Sumter dans la baie de Charleston (Caroline du Sud). Les soldats nordistes avaient refusé de l'évacuer. Abraham Lincoln répond en mobilisant une armée de volontaires dans chaque État.

Les forces en présence semblent équilibrées. Le Sud possède une histoire militaire plus riche que le Nord.

Beaucoup de vétérans de la révolution texane (1835-1836) de la guerre américano-mexicaine (1846-1848) vivent dans le Sud. Beaucoup d'officiers sont originaires du Sud qui dispose donc d'un avantage en matière de talents tactiques et stratégiques. Les sudistes sont habitués à tirer au fusil et à monter à cheval, notamment pour la chasse. Le Nord, quant à lui, peut compter sur l'atout démographique avec 22 millions de personnes et une immigration qui continue d'affluer. Autre atout : l'industrialisation et l'avance technologique. Les ingénieurs développent un armement efficace. Le fusil standard du Nord est bien supérieur aux armes dont dispose le Sud. Les premières mitrailleuses seront utilisées par les armées de l'Union.

Les deux camps ont en commun leur état d'impréparation à la guerre. Contrairement aux puissances européennes, les États-Unis ont refusé d'entretenir une armée nationale permanente par défiance à l'encontre de l'État central.

L'armée des États confédérés l'emporte au début du conflit, en particulier grâce au génie militaire de ses stratèges comme le général Robert E. Lee (1807-1870). Les Nordistes font reposer leurs espoirs sur le général McClellan (1826-1885) surnommé « le Jeune Napoléon ». Stratège prudent, il n'accepte d'aller au front sur la presqu'île de Virginie qu'en 1862. Il voulait prendre le temps de former et galvaniser son armée composée de 200 000 hommes. Mais son manque d'habilité pratique face aux offensives de Robert E. Lee, nouveau commandant en chef de l'armée de Virginie du Nord, lors de la bataille des Sept Jours (26 juin-2 juillet 1862), entraîne la défaite des Nordistes.

2. **La victoire de l'Union.** – Pendant l'été 1863, le général Lee envoie ses troupes dans le Nord, jusqu'en

Pennsylvanie. Du 1er au 3 juillet, il se heurte à l'armée de l'Union menée par le général Meade (1815-1872). Gettysburg demeure la plus grande bataille jamais livrée sur le sol américain. Au bout de trois jours de combats, qui font plus de 51 000 morts, les Confédérés s'avouent vaincus. C'est une défaite terrible pour le général Lee qui perd plus d'un tiers de ses troupes. C'est à partir de cette défaite que le Sud décidera de se limiter à des stratégies défensives. C'est en fait le début de son agonie. Dans le même temps, sur le Mississippi, le général nordiste Ulysses S. Grant (1822-1885) prend la ville de Vicksburg. L'Union contrôle désormais toute la vallée du Mississippi, coupant en deux la Confédération.

Le conflit s'achève deux ans plus tard, après que l'Union est parvenue à envahir le Sud. Le général Lee se retire à Appomattox après la défaite du siège de Petersburg et l'incendie de Richmond, la capitale de la Confédération. Lee signe le 9 avril 1865 sa reddition à Grant. Il se rend avec les 26 000 hommes qui lui restent. Cette bataille d'Appomattox scelle le sort de la guerre, même si quelques généraux résistent. Kirby Smith ne se rend que le 2 juin. L'ultime reddition a lieu le 23 juin 1865. Elle est le fait du général de brigade Stand Watie, chef cherokee et unique général amérindien de la guerre de Sécession. Jefferson Davis, le président de la Confédération, tente de s'enfuir au Mexique. Il est rattrapé et sera emprisonné sans jugement pendant deux ans.

À l'ouest du Mississippi, le Nord et le Sud se livrent une guerre différente de celle qui est menée à l'Est. Elle se déroule sur une étendue très vaste et implique les peuples amérindiens. Au moment de la sécession, le Texas, l'Arkansas et la Louisiane quittent l'Union pour la Confédération, tandis que les sympathisants sudistes du Missouri s'efforcent en vain d'entraîner leur État dans la scission. En août 1861, les Confédérés envahissent le Missouri suite à la victoire de Wilson's Creek. L'avantage est de courte durée. Au printemps suivant, à Pea Ridge, les Nordistes les forcent à abandonner le nord de l'Arkansas. Pendant les deux années qui suivent, le Missouri et l'Arkansas restent aux mains des forces de l'Union. En 1864, la Confédération s'attaque de nouveau aux deux États. En vain. Dans les derniers moments du conflit, les combats se font plus durs dans les plaines et la prairie. Courtisés par l'un et l'autre camp, les Cherokees combattent sous les deux uniformes.

III. – Reconstruire l'unité (1865-1877)

1. **Surmonter une guerre totale.** – Considérée comme la première des guerres technologiques, la guerre de Sécession voit les premiers combats de cuirassés, l'utilisation du premier sous-marin, des fusils à canon rayé, du télégraphe ou des signaux optiques. Elle est la guerre la plus meurtrière qu'ont connue les États-Unis jusqu'à ce jour : plus que tous les autres conflits réunis auxquels a participé le pays ! 620 000 soldats ont perdu la vie, dont 360 000 Nordistes et 260 000 Sudistes. Un combattant sur cinq a donc été tué. Le nombre d'invalides avoisine le million. Deux mille batailles ont été livrées en quatre années sur un territoire de plusieurs millions de kilomètres carrés ! Plus de deux millions d'Américains ont porté l'uniforme bleu de l'Union contre près de 900 000 portant le gris des sudistes. Concernant la participation non américaine, 600 000 étrangers, principalement des Européens, ont participé au conflit. Ces effectifs annoncent déjà les gigantesques levées d'hommes que seront les guerres du XXe siècle. Il en est de même pour la violence des combats, qui témoigne de la profondeur de la haine et qui fait de cette guerre une

préfiguration des conflits du XXe siècle. Épisode traumatisant de l'histoire des États-Unis, aucun Américain n'a été épargné par l'horreur de cette guerre. Le grand public a pour la première fois pu en être témoin grâce aux témoignages dans les journaux, mais également par les illustrations. C'est le premier conflit photographié.

Le Sud ne s'est toujours pas remis de cette guerre. La frustration de la défaite se retrouve des années après dans le patrimoine littéraire. Refusant l'abolition de l'esclavage, désormais inscrite dans la Constitution, l'organisation raciste du Ku Klux Klan est fondée le 24 décembre 1865. Les destructions par l'Union victorieuse, suivies par des politiques d'exploitation économique, notamment par les *carpetbaggers* (immigrants venant du Nord, voyageant avec un sac de voyage en toile) associés aux *scalawags*, natifs du Sud collaborant avec le nouveau pouvoir, provoquent la rancœur des descendants des Confédérés.

Les cicatrices sont encore visibles aujourd'hui. Suite aux demandes réitérées de la communauté noire, des États du Sud comme le Mississippi ont dû organiser au cours des dernières années des référendums pour décider le retrait des emblèmes confédérés sur les drapeaux de l'État. Dans le sens inverse, des protestations ont été formulées contre l'érection d'une statue de Lincoln à Richmond (Virginie), dans l'ancienne capitale des États confédérés.

2. **La reconstruction.** – C'est au plus près de sa scission définitive que l'Amérique contemporaine s'est reconstruite. Après la guerre, les vainqueurs se demandent comment les États vaincus peuvent être réintégrés dans l'Union. Entre 1865 et 1877 – période désignée sous le terme de « Reconstruction » –, les vainqueurs ont la double tâche de réunifier la nation et de faire des anciens

esclaves des citoyens à part entière. Trois amendements entendent renforcer les principes républicains de la Constitution : le treizième qui abolit l'esclavage (1865), le quatorzième qui proclame l'égalité des droits civiques (1868) et le quinzième qui affirme le droit de vote des Noirs (1870). Mais les sudistes n'entendent pas accepter les Noirs comme leurs égaux. Après le retrait des dernières troupes fédérales en 1877, les États du Sud, avec une souveraineté intérieure retrouvée, introduisent la ségrégation et privent les Noirs de leur droit de vote par différents moyens, dont l'intimidation. Cette réaction provoque un exode de nombreux Noirs vers les États du Nord.

La reconstruction de l'unité ne va pas de soi. Le Congrès, dominé par les républicains radicaux, vote une procédure de destitution *(impeachment)* du successeur de Lincoln, Andrew Johnson (1808-1875), accusé d'être trop indulgent envers les sudistes. Ces derniers refusent les changements que les républicains du Nord jugent nécessaires. Pour les Nordistes, l'unité du pays ne peut être assurée simplement par le triomphe des armes. Le Sud doit devenir une société républicaine en éradiquant toute trace de l'esclavage. Or, les sudistes cherchent à recréer l'esclavage qualifié d'« Institution particulière ». Cette démarche n'est pas acceptable pour le Nord : une société qui n'est pas fondée sur l'égalité devant la loi n'est pas républicaine, et si le Sud n'est pas pleinement républicain, c'est que l'unité n'est pas achevée.

L'identité américaine repose sur les textes fondateurs que sont la Déclaration d'indépendance et la Constitution. Au-delà des dissensions sur les droits de douane et l'esclavage, c'est bien pour défendre leur propre vision des institutions et de la liberté que les deux camps se sont fait la guerre. Pour que la Sécession ne soit plus possible, il faut donc unifier la vision constitutionnelle du pays. Or, il y a autour de l'idée de « forme républicaine de gouvernement » un paradoxe difficile à résoudre. Comment concilier l'unité du lien national (fédéralisme) et la diversité des gouvernements locaux *(self-government)* ? En d'autres termes, comment construire l'unité sur la base d'une constitution « qui protège les différences locales à la racine de la désunion » ?[1]

Cinq lois – les *Enforcement Acts* – sont votées entre 1870 et 1872. Elles aboutissent à un renforcement du pôle « unitaire » aux dépens des États fédérés. Déjà, en 1868, le quatorzième amendement avait affirmé la prééminence de la citoyenneté fédérale sur la citoyenneté de chacun des États. Désormais, le troisième *Enforcement Act* prévoit le contrôle par Washington de toutes les élections fédérales. Ce sont en pratique toutes les élections qui sont désormais surveillées par le gouvernement fédéral, alors qu'elles relevaient jusqu'ici de la juridiction des États. Le quatrième *Enforcement Act* ou *Ku Klux Klan Act* condamne tout groupe d'au moins deux personnes qui viole la Constitution des États-Unis ou les lois fédérales, ou qui entrave tout officier de l'Union dans l'exercice de ses fonctions. Les membres de ces conspirations peuvent désormais être traduits devant la justice fédérale.

Alors que Thomas Jefferson se disait avant tout virginien, Abraham Lincoln se revendique pleinement américain. Le martyre de Lincoln, assassiné le 15 avril 1865, aurait scellé l'unité du pays. « Les États-Unis » se conjuguent désormais, en anglais, au singulier *(the United States is...)* au lieu du pluriel d'avant-guerre *(the United States are...)*. Pour Farid Ameur, bien davantage que les combats livrés en faveur de l'indépendance,

1. Nicolas Barreyre, « Refaire les États-Unis », *Revue d'histoire moderne et contemporaine*, 4/2002, nº 49-4, p. 7-36.

c'est l'expérience macabre de la guerre civile qui a constitué les Américains en un peuple uni : « Somme toute, si la guerre de Sécession n'a pas créé les États-Unis, on peut parler, à juste titre, de deuxième naissance. »[1] L'historien américain Richard Bensel n'a pas hésité à affirmer récemment que l'étude de l'histoire des États-Unis devrait débuter en 1865, avec la fin de la guerre de Sécession, bien plus qu'avec la Constitution de 1787 !

1. Farid Ameur, *La Guerre de Sécession* (2004), Paris, Puf, « Que sais-je ? », 2013, p. 121.

Chapitre V

RÉUNIS PAR LES VALEURS (1877-1929)

« Je jure fidélité à mon drapeau et à la république qu'il représente : une nation indivisible avec la liberté et la justice pour tous. »

Pledge of Allegiance, version originelle de 1892.

« Je jure fidélité **au** drapeau **des États-Unis** et à la république qu'il représente : une nation indivisible avec la liberté et la justice pour tous. »

Version modifiée en 1923.

La période qui suit le retrait des troupes du Nord des États sudistes marque la fin de la Reconstruction. Elle se caractérise par une longue période de prospérité, pendant laquelle les Américains se soudent autour d'un corps de valeurs communes. La mise en place du serment d'allégeance *(Pledge of Allegiance)* symbolise la volonté d'« américanisation ». Entre 1870 et 1920, 20 millions d'Européens émigrent vers les États-Unis. Les Juifs d'Europe centrale et orientale fuient les pogroms et l'antisémitisme. Quittant la misère et espérant reconstruire leur vie, les Italiens et les Slaves arrivent d'Europe du Sud et d'Europe orientale, diversifiant une immigration qui était jusqu'alors composée majoritairement d'Anglo-Saxons. La culture américaine est alors conçue comme un centre homogène que doivent intégrer ces nouveaux immigrants. « Comment faire Un à partir de plusieurs ? » prend un nouveau sens.

I. – Le mythe du *melting pot*

1. **Se fondre dans le creuset.** – L'image d'un *melting pot* est tirée d'une pièce du même nom d'Israel Zangwill (1864-1926) jouée à New York en 1909. Un jeune immigré juif juge nécessaire d'oublier les nationalités du Vieux Monde pour se fondre dans une identité nouvelle qui les transcende. L'idée de mélange et de fusion suggère que les éléments constitutifs de la première identité perdent leur caractère propre. La doctrine du *melting pot* est cependant contestée. Horace Kallen affirme le droit à l'identité culturelle des groupes ethniques. Son article de 1915 – « La démocratie contre le *melting pot* » – prophétise un autre avenir pour la nation américaine : « La langue commune sera l'anglais, mais chaque nationalité aura pour sa vie privée, sa langue ou son dialecte propre. » Kallen rejette l'idée de conformité à un modèle anglo-américain. Promouvoir une entité unique par la force irait à l'encontre des idéaux démocratiques légués par les Pères fondateurs. En l'absence d'unité dans les origines, dans les coutumes ou la religion, l'identité nationale américaine devrait se fonder sur le seul respect des textes fondateurs : la Déclaration d'indépendance et la Constitution.

L'unité américaine reste pour beaucoup une illusion. Toutes les communautés ne sont pas jugées également aptes à se fondre dans le creuset. Face à l'afflux massif d'immigrants non anglo-saxons, l'Administration américaine prend des mesures limitatives. La xénophobie touche particulièrement les immigrants asiatiques. En 1882, le *Chinese Exclusion Act* interdit l'immigration chinoise sur le sol américain pour une période de dix ans. En 1905, suite à la victoire japonaise dans la guerre russo-japonaise, l'idée de « péril jaune » se développe à San Francisco. La Ligue d'exclusion asiatique est fondée par des ouvriers syndicalistes d'origine européenne craignant la concurrence des migrants japonais. Le 16 février 1907, le Congrès américain interdit l'entrée de travailleurs japonais à Hawaï. Le 13 novembre 1922, la Cour suprême des États-Unis rend son arrêt dans le « Cas Ozawa ». Les migrants japonais ne peuvent plus acquérir la nationalité américaine, le jugement étant fondé sur la notion de « race ».

En mai 1921, le Congrès instaure une politique de quotas par nationalité. Au-delà de la question ethnique, l'intégration en Amérique exige de respecter un certain nombre de valeurs vues comme américaines. Dès le *Naturalization Act* de 1906, la loi américaine prévoit que l'État fédéral peut priver un Américain de sa nationalité, essentiellement pour des raisons politiques. Emma Goldman (1860-1940), militante anarchiste et féministe, devient en 1909 la première Américaine à être « dénaturalisée »[1]. Une femme qui épouse un étranger court également le risque de perdre sa nationalité. Vingt-deux mille déchéances de nationalité seront prononcées au cours du XXe siècle !

Le Nouveau Colosse, poème d'Emma Lazarus (1849-1887) gravé depuis 1903 sur une plaque de bronze apposée sur le piédestal de la statue de la Liberté, évoque les déshérités que « la tempête apporte » et qui « aspirent à vivre libres ». Une lettre de migrant au musée de Ellis Island, l'île proche de Manhattan où débarquaient les migrants, témoigne de l'écart entre le rêve et la réalité : « Je suis venu en Amérique parce que j'avais entendu que les rues y étaient pavées d'or. Une fois arrivé, je découvris trois choses : premièrement, les rues n'étaient

1. Cité par Patrick Weil, *The Sovereign Citizen. Denaturalization and the Origins of the American Republic*, University of Pennsylvania Press, 2013, p. 5.

pas pavées d'or, deuxièmement, elles n'étaient pas pavées du tout et troisièmement, on m'attendait pour les paver »...

2. **L'allégeance au drapeau.** – L'École historique du consensus affirme qu'en dépit de crises et de conflits, l'ensemble des Américains se retrouve autour de valeurs communes : l'individualisme, l'attachement à la liberté et l'esprit d'entreprise. Richard Hofstadter, dans *The American Political Tradition* (1948), affirmera que la spécificité de la tradition politique américaine est son attachement à la démocratie. Pour lui, les États-Unis « n'*ont* pas d'idéologies ; ils *sont* une idéologie »[1]. L'absence de structuration d'une conscience de classe ou de conflits sociaux violents distinguerait ainsi l'Amérique de l'Europe. L'économiste allemand Werner Sombart, en 1906, écrit un essai intitulé *Pourquoi le socialisme n'existe-t-il pas aux États-Unis ?*, dans lequel il tente d'expliquer pourquoi le pays où le capitalisme est le plus avancé n'a pas connu de réaction socialiste plus puissante (même s'il existe un parti socialiste, il peine à s'organiser au niveau national). Plusieurs raisons sont en jeu. D'une part, le système politique bipartisan rend difficile l'émergence d'une troisième force. D'autre part, la classe ouvrière étant issue de l'immigration, elle est traversée de clivages ethniques et culturels qui compromettent l'émergence d'une conscience collective. Les migrants sont animés par un idéal de réussite individuelle plutôt que par l'idée de solidarité et de redistribution égalitaire. Enfin, comme l'explique le philosophe Marcel Gauchet, c'est l'expérience collective américaine qui interdirait le développement

1. Cité par Michael Kazin, « The Right's Unsung Prophet », *The Nation*, 248, 20 février 1989, p. 242.

du socialisme[1]. L'absence d'Ancien Régime, fondé sur l'inégalité et l'organisation hiérarchique de la société, ne permet pas comme en Europe l'émergence d'une dimension émancipatrice du mouvement ouvrier. L'État n'est pas investi d'une mission de transformation de la société, elle-même héritée d'un passé d'inégalités fondées sur la naissance.

La transmission des valeurs communes est assurée dès le plus jeune âge par le biais de l'éducation publique. Dès 1832, l'État de New York a instauré l'école élémentaire gratuite et obligatoire. Il s'agit de forger chez tous les Américains – quelles que soient leurs origines – l'idée qu'ils appartiennent à une même communauté. Le pédagogue John Dewey (1859-1952), professeur à l'université de Chicago de 1894 à 1904, insiste sur la place essentielle de l'école dans la formation d'une société démocratique. C'est à cette époque qu'est créé un corps de rituels civiques destiné à souder les Américains. En 1861, pendant la guerre de Sécession, la création d'un jour consacré à la célébration du drapeau est décidée ; en 1916, le président Wilson (1856-1924) officialise ce *Flag Day*. En 1892, Francis Bellamy (1855-1931) compose le *Pledge of Allegiance*, publié dans un magazine destiné aux jeunes, *The Youth's Companion*. Expression de loyauté envers le drapeau fédéral et de la république, il est destiné à être récité au début des sessions du Congrès mais aussi dans toutes les écoles au début de la journée. L'objectif est d'instiller les valeurs patriotiques en érigeant des drapeaux américains dans toutes les écoles publiques. Vingt-cinq mille écoles acquièrent un drapeau en seulement un an ! Le *Pledge of Allegiance* est destiné à être récité en quinze secondes. Il est prononcé

1. Marcel Gauchet, *L'Avènement de la démocratie III : à l'épreuve des totalitarismes, 1914-1974*, Paris, Gallimard, p. 124.

pour la première fois le 12 octobre 1892, à l'occasion de la commémoration du 400e anniversaire de l'arrivée de Christophe Colomb en Amérique. Francis Bellamy considère qu'une éducation patriotique est la clé de l'américanisation. Les élèves devront saluer le drapeau en prononçant ces mots à l'unisson : « Je jure fidélité à mon drapeau et à la république qu'il représente : une nation indivisible avec la liberté et la justice pour tous. » Les mots « Une nation indivisible » doivent sceller à jamais la cohésion nationale. En tant que socialiste, Bellamy envisage d'importer la devise française *Liberté, Égalité, Fraternité* – avant de se raviser, estimant que *Liberté et Justice* seraient moins polémiques. En 1923, la *National Flag Conference* décide de remplacer le terme « mon » drapeau par « le drapeau des États-Unis » afin qu'il ne puisse pas y avoir de confusion dans l'esprit des nouveaux immigrants… On craignait que ces derniers pensent au drapeau de leur pays d'origine, et non à celui de la patrie d'adoption !

II. – L'aube d'un siècle américain

1. **L'âge doré (1877-1897).** – La fin du XIXe siècle est qualifiée de *Gilded Age* (« âge doré »), terme emprunté au titre d'un ouvrage de Mark Twain et de Charles Dudley Warner : *The Gilded Age : a Tale of Today* (1873). Cette période, contemporaine de la deuxième révolution industrielle, est caractérisée par le développement de la sidérurgie – stimulé par les milliers de kilomètres de voies ferrées construites –, de la chimie, du secteur bancaire. L'électricité est la nouvelle énergie. Les grandes villes du Nord-Est se développent. Le capitalisme triomphe. La concurrence est alors sauvage. Dans les chemins de fer, la guerre des tarifs fragilise les compagnies. Sur les lignes soumises à la concurrence, les compagnies

baissent leurs prix et vont jusqu'à vendre à perte pour conserver leur clientèle. La période se caractérise par une tendance à la concentration. Les entreprises cherchent à faire des économies d'échelle afin de dégager des capitaux de plus en plus importants. John Davison Rockefeller (1839-1937) rachète les droits de vote des actionnaires d'une quarantaine de compagnies pétrolières. Il ferme 33 des 55 raffineries qu'il détient. Grâce aux économies d'échelle, il engrange d'immenses profits. À la fin des années 1880, une quinzaine de trusts se sont ainsi constitués. En 1890, la loi Sherman interdit les trusts. Les capitaines d'industrie choisissent alors la *holding* comme forme de concentration. Parmi toutes ses compagnies, Rockefeller développe la Standard Oil du New Jersey. En 1897, cette dernière contrôle 83,7 % du raffinage du pétrole. La compagnie Carnegie fournit l'exemple d'une concentration à la fois horizontale et verticale : tout en fournissant 25 à 30 % de l'acier américain, elle possède ses propres mines de charbon et de fer, ses propres bateaux et ses trains.

L'âge doré s'accompagne d'une morale particulière, fondée sur la notion de mérite et de réussite. Les ouvrages de Horatio Alger (1832-1899) mettent en avant l'idée que tout est possible pour celui qui s'en donne les moyens. Il faut travailler dur, croire en sa chance et la fortune arrivera. H. Alger publie 119 ouvrages aux titres évocateurs : *Fame and Fortune (La Gloire et la Fortune)*, *Only an Irish Boy (Un simple petit Irlandais)*, etc. Andrew Carnegie (1835-1919) est alors l'incarnation de ce self-made-man. Ayant immigré avec sa famille en 1848, il commence comme simple ouvrier dans l'industrie textile, puis crée une aciérie à Pittsburgh, qui produit à bas prix les rails de chemin de fer. La révolution des transports assure sa fortune, estimée à 250 milliards de dollars, ce qui lui vaut le surnom d'« homme le plus riche du monde ». Carnegie définit une philosophie de la philanthropie, connue sous le nom de *Gospel of Wealth* (évangile de la richesse). La quête du profit doit permettre au pauvre de s'élever dans la société, tandis que les riches doivent redistribuer une partie de leur richesse.

Les conséquences sociales constituent la face sombre de cet âge doré. C'est le début du travail à la chaîne et de la division du travail. Des enfants et des femmes travaillent dans les mines, les usines et les ateliers de misère *(Sweatshops)* pour de très bas salaires. La population rurale et les nouveaux immigrants viennent s'entasser dans les taudis des grandes villes. 35,1 % de la population vivent désormais dans des villes de plus de 25 000 habitants (pour seulement 6,1 % en 1800). Les États-Unis connaissent les problèmes liés à une explosion urbaine mal maîtrisée : misère, violence, tension sociale, mauvaise gestion des ressources naturelles, etc. La corruption existe à tous les échelons du pouvoir. Dans de nombreuses régions, la collusion entre les grandes entreprises et les élus locaux empêche les citoyens de faire valoir leurs droits. Des voix s'élèvent pour réclamer du gouvernement une gestion rationnelle du patrimoine naturel. Les rivières sont polluées par des déchets industriels, liés par exemple à l'exploitation des mines d'or à l'aide de systèmes hydrauliques. Les inondations catastrophiques se multiplient, nécessitant de construire des digues. C'est la dépression de 1893 à 1897 qui met fin à cet « âge doré ».

2. **L'ère progressiste (1897-1920).** – La *Progressive Era* désigne la période de réformes qui dure de la fin des années 1890 aux années 1920, et de manière plus précise la présidence de Theodore Roosevelt (1901-1909). Cette période rompt avec le libéralisme sauvage de la

période précédente et se caractérise par une volonté de réformer la société afin de résoudre les problèmes causés par la révolution industrielle.

L'échelle locale sert de laboratoire du mouvement progressiste. La Californie, le Wisconsin et l'Oregon sont les premiers États à expérimenter les réformes. Au niveau national, un éphémère parti progressiste voit le jour ; il présente Theodore Roosevelt comme candidat à la présidentielle de 1912. L'objectif principal des leaders du mouvement progressiste est de s'attaquer au clientélisme en rapprochant les citoyens de la décision politique et en s'attaquant aux liens qui unissent les milieux d'affaires et les responsables publics. Seize États adoptent un système de primaires qui empêchent les partis d'imposer leur propre candidat. L'Oregon met en place une procédure référendaire de destitution *(Recall election)* et vote une loi contre la corruption. Il sert de modèle aux autres États du Nord-Ouest et du Midwest.

Le journalisme d'investigation joue un rôle important, notamment grâce au succès populaire des magazines bon marché comme *McClure's*, *Munsey's* et *Cosmopolitan*. Des journalistes – que Theodore Roosevelt a baptisés *muckrakers* (fouille-merde) – enquêtent sur les municipalités, les entreprises et même les églises. Ray Stannard Baker dénonce la condition de travail des Noirs dans les mines. Le photographe Jacob August Riis publie un reportage sur la promiscuité dans les taudis de New York. Idea Minerva Tarbell dénonce les monopoles de la Standard Oil Company. Tous veulent susciter un mouvement d'opinion qui pousserait à des réformes.

Le mouvement national de réformes touche à différents domaines. Theodore Roosevelt durcit la réglementation antitrust. Le seizième amendement à la Constitution crée l'impôt sur le revenu, outil de redistribution sociale (1913). Le dix-septième amendement prévoit l'élection des sénateurs au suffrage direct (1913). Le dix-neuvième amendement accepte le droit de vote des femmes (1920). D'autres mesures concernent la préservation du patrimoine naturel, avec la création de parcs nationaux et de réserves naturelles. Le 14 mars 1903, Roosevelt crée la première réserve naturelle ornithologique sur Pelican Island en Floride. Dès 1909, plus de 170 000 km^2 de forêts, 53 réserves naturelles et 18 zones d'intérêt particulier, notamment le Grand Canyon (Colorado), sont placés sous la tutelle des pouvoirs publics. La Cour suprême, alors conservatrice, tente de limiter la portée de ce mouvement réformiste. Elle déclare contraire à la Constitution la loi limitant le travail des enfants. Elle s'oppose à l'État de New York qui avait tenté d'imposer la limitation des horaires hebdomadaires de travail.

L'ère progressiste est marquée par un tournant de la politique étrangère, désormais caractérisée par l'impérialisme. Les États-Unis interviennent à Hawaï (1893) qu'ils annexent en 1898. Suite à la guerre hispano-américaine, ils occupent Cuba de 1898 à 1902, puis de 1905 à 1909. La souveraineté des États-Unis est également assurée sur le canal de Panama. Ils interviennent en force à Manille, puis s'emparent des Philippines rachetées à l'Espagne. La doctrine du *Big Stick* (gros bâton) vise à protéger les intérêts des États-Unis en Amérique latine, principalement dans la zone des Caraïbes. Elle s'accompagne d'un renforcement des forces navales. Le « corollaire Roosevelt à la doctrine de Monroe » est une interprétation expansionniste de la doctrine Monroe. Exposé par le président Roosevelt dans un discours du 6 décembre 1904, il justifie l'interventionnisme américain dans le cas où les intérêts du pays sont menacés.

3. **Les *Roaring Twenties* (1920-1929).** – Les États-Unis sortent renforcés de la Première Guerre mondiale.

Vainqueur, le pays n'a pas subi les destructions d'une partie de l'Europe. Il est désormais une puissance militaire de premier plan. La plupart des pays européens sont endettés. Les Américains réclament le remboursement des dix milliards de dollars prêtés. En 1919, le sénateur républicain Henry Cabot Lodge (1850-1924) théorise l'impérialisme et s'affirme hostile à la Société des Nations : « Les États-Unis sont le meilleur espoir de la planète, mais si vous les embourbez dans les intérêts et les querelles d'autres nations, si vous les empêtrez dans les intrigues européennes, vous anéantirez leur pouvoir de faire le bien en menaçant leur existence même. »[1] Le Sénat des États-Unis ne ratifie pas le traité de Versailles. Les 14 points du président Woodrow Wilson restent alors lettre morte. Les États-Unis choisissent l'isolationnisme et se concentrent sur les zones du globe où se jouent leurs propres intérêts.

Les années 1919 et 1920 sont difficiles en Amérique, tout comme en Europe. Il faut reconvertir l'économie de guerre. En 1919, 4,1 millions de grévistes réclament une augmentation du pouvoir d'achat et une réduction du temps de travail. De juin à novembre, 25 émeutes éclatent dans plusieurs grandes villes (Seattle, Boston...). La principale a lieu à Chicago en juillet et août (38 morts et plus de 500 blessés). C'est le *Red Summer* (« l'été rouge »).

L'année 1920 est marquée par des attentats anarchistes. Celui qui touche les bureaux de la banque Morgan fait 38 morts et 200 blessés. Les autorités prennent des mesures de répression contre les anarchistes mais aussi contre les communistes et les socialistes. Certains sont emprisonnés, d'autres sont contraints de s'exiler. L'opinion

1. Henry Cabot Lodge, *The Senate and the League of Nations*, Charles Scribner's Sons, 1925.

publique assimile les étrangers et les « Rouges ». C'est dans ce climat de peur que seront exécutés les anarchistes d'origine italienne Sacco et Vanzetti.

Durant les années 1920, les États-Unis connaissent une période de forte prospérité. Le produit national brut passe de 78,9 milliards de dollars en 1919 à 104,4 milliards en 1929. C'est l'époque des *Roaring Twenties* (les « [années] vingt rugissantes »), caractérisées par la vitalité culturelle (jazz et cinéma). Sept cents films sont produits chaque année. L'actrice Louise Brooks (1906-1985) est l'incarnation des *flappers*, ces jeunes femmes qui abandonnent les corsets, portent une jupe courte, des coupes de cheveux au carré et dansent le charleston. Elles remettent en cause la vieille morale puritaine (alcool fort, cigarettes, banalisation des flirts, etc.). Frappés par la brutalité de la première guerre, les jeunes Américains entendent jouir de la vie. La Prohibition est impuissante à empêcher la consommation d'alcool. De nouvelles industries émergent : automobile, chimie, production de postes de radio. Les États-Unis consomment la moitié de l'énergie utilisée dans le monde. Le secteur aéronautique s'installe dans les États de l'Ouest, comme la Californie. Les premières grandes compagnies aériennes américaines se développent (TWA, American Airline, United Airlines). Charles Lindbergh (1902-1974) traverse l'Atlantique pour la première fois au cours d'un vol en solitaire et sans escale. Les 20 et 21 mai 1927, il relie New York à Paris.

L'augmentation des crédits et la publicité sont destinées à maintenir un haut niveau de consommation. L'homme d'affaires est le héros de ces années rugissantes. Dans *Babbitt* (1922), Sinclair Lewis décrit l'agent immobilier qui prépare les villes de demain. Bruce Barton, dans *The Man Nobody Knows* (1925), dépeint Jésus comme un *business man* avisé qui a su s'entourer de 12 associés dynamiques. La modernité et la confiance en l'avenir sont incarnées par les gratte-ciel de New York (Chrysler Building, Empire State Building, Rockefeller Center) qui inaugure une révolution métropolitaine. Dès 1920, la majorité des Américains vit en ville. Les grandes villes connaissent des améliorations très importantes qu'elles doivent à une volonté de planification urbaine.

Politiquement, ces années 1920 sont une décennie de règne républicain. La doctrine du laisser-faire s'impose. John Calvin Coolidge (1872-1933) se flatte d'être le président le moins actif de l'histoire du pays. Il affirme que « si l'État fédéral devait disparaître, l'Américain moyen ne s'apercevrait de rien… ». Il y aurait pourtant de quoi intervenir. Toutes les régions ne profitent pas de l'essor économique. Le niveau de vie dans les espaces ruraux est très loin derrière celui des espaces urbains et périurbains. Les agriculteurs doivent faire face à d'importantes difficultés : coûts de production élevés et endettement du fait de la mécanisation (le nombre de tracteurs décuple en dix ans). Les inégalités sociales se creusent. En 1929, les 36 000 familles les plus riches disposent de ressources supérieures à celles des 12 millions les moins fortunés. L'historien Pierre Mélandri résume ces années par une image : « Âge d'or pour une minorité de privilégiés, les *Twenties* sont un âge d'étain pour la plupart des ouvriers, et de plomb pour les fermiers. »[1] La spéculation des marchés boursiers menace l'équilibre du système. Bientôt, le krach de Wall Street va mettre fin aux *Roaring Twenties*.

1. Pierre Mélandri, *Histoire des États-Unis contemporains*, Bruxelles, André Versaille éditeur, 2008, p. 224.

Chapitre VI

L'UNITÉ SANS LA DIVERSITÉ (1929-1960)

La Grande Dépression, qui débute avec le krach boursier de 1929, n'affecte pas seulement l'économie. Elle entame la confiance du pays dans ses valeurs. Elle remet en cause les fondements du modèle capitaliste sur lequel se fonde sa prospérité. Inventer des solutions collectives pour sortir des difficultés est un impératif. Le rôle de l'État fédéral s'affirme alors avec l'idée d'une « Nouvelle donne » *(New Deal)*. Dans son discours du 4 mars 1933, Roosevelt définit l'enjeu : « Je demanderai au Congrès le seul moyen de faire face à la crise, de vastes pouvoirs exécutifs pour mener la guerre contre une situation exceptionnelle, des pouvoirs aussi étendus que ceux qui me seraient confiés si nous étions envahis par un ennemi étranger. » Et bientôt, c'est une véritable guerre que ce même président devra affronter. La menace extérieure – celle des forces de l'Axe, puis celle du bloc communiste – va amener le peuple américain à se souder contre les épreuves. L'*American Way of Life*, érigé en modèle pour l'ensemble du bloc occidental, laisse néanmoins de côté une part importante de la population. Dès les années 1950, il fait l'objet des premières critiques, en raison de son conformisme.

I. – Défendre l'unité

1. **Contre la Grande Dépression.** – Considérée comme l'une des plus grandes crises économiques du XXe siècle, la Grande Dépression débute par le « Jeudi noir », le 24 octobre 1929. Face aux nombreuses demandes des épargnants, les banques ne parviennent pas à faire face. Les faillites se multiplient. La baisse des prix agricoles entraîne des difficultés chez les *farmers* : 15 millions d'agriculteurs sont au bord de la ruine. Dans l'industrie, la production diminue de 45 % en trois ans, provoquant un chômage de masse (13 millions). Les premières manifestations ont lieu à New York dès mars 1930. L'influence communiste grandit parmi les victimes de la crise. Des bidonvilles émergent. Implantés sur des terrains abandonnés, ils abritent les plus démunis. On les nomme « Hooverville », du nom du président Herbert Hoover (1874-1954) que l'on rend responsable de la crise. Ces villages, constitués par des cabanes faites de bois, de carton ou de tôle, sont fréquemment démantelés pour occupation illégale.

Le 8 novembre 1932, Franklin Delano Roosevelt est élu président et succède à Hoover, dont le surnom était *Do-Nothing* (« Ne fait rien »). Sa priorité est de redonner confiance aux Américains en proie au doute face à l'extension de la crise à toute l'économie : « La seule chose que nous ayons à craindre, c'est la crainte elle-même [...]. La nation demande que l'on agisse, et que l'on agisse tout de suite. » Pour restaurer la confiance, Roosevelt entend montrer sa propre détermination. L'activité législative est considérable. Roosevelt fait adopter plus de réformes en trois mois que Hoover dans tout son mandat. Dès le lendemain de son investiture, il décide sa première mesure, la fermeture exceptionnelle de toutes les banques du pays. Certaines lois sont rédigées, présentées au Congrès et ratifiées le même jour ! Une quinzaine de lois sont votées au cours des premiers « Cent Jours ». Roosevelt mise sur l'expérimentation et sur une politique novatrice reposant sur les 3 R : *Relief, Recovery and Reform* (Aide sociale, Reprise et Réforme). Il entend garder un contact privilégié avec la nation, en l'informant grâce à la radio lors des « causeries au coin du feu ».

On distingue deux New Deals : le premier New Deal (1933-1934) vise à une amélioration de la situation à court terme. Des mesures d'urgence de lutte contre le chômage sont décidées, comme la Civilian Conservation Corps qui mobilise 250 000 jeunes dans des missions de conservation du sol et de reboisement. En juin 1933, le *National Industrial Recovery Act* (NIRA) demande aux industriels d'élaborer des codes de « bonne concurrence ». La Tennessee Valley Authority (TVA) organise l'aménagement d'une vaste région et prend à sa charge la production d'énergie hydroélectrique.

Le second New Deal (1935-1938) met en place une redistribution des ressources à une échelle plus globale et s'attelle à réformer le système en profondeur. L'État fédéral prend une place qu'il n'a encore jamais eue dans l'histoire du pays. Les *farmers* bénéficient d'aides et de subventions. L'État s'attaque directement aux conséquences sociales de la crise. Le 14 août 1935, le *Social Security Act* établit un système de protection sociale : retraite pour les plus de 65 ans, assurance-chômage et aides diverses pour les handicapés. Les aveugles et les enfants handicapés reçoivent des aides par le biais de subventions fédérales accordées aux États. Le New Deal pose ainsi les bases de l'État providence *(Welfare State)*.

Roosevelt s'entoure d'un « trust de cerveaux » *(brain-trust)* qui échangent et confrontent leurs différentes approches. D'un côté, les juristes de l'Est – notamment Louis Brandeis (1856-1941) et Felix Frankfurter (1882-1965) – se méfient des projets grandioses des planificateurs. Ils estiment que le gouvernement fédéral doit maintenir la libre concurrence tout en limitant la taille des entreprises. La centralisation étouffe selon eux les capacités d'innovation, en concentrant les talents en un seul point. À l'opposé de ce courant, Rexford Tugwell (1891-1979), Adolf A. Berle (1895-1971) et Raymond Moley (1886-1975) estiment qu'on ne peut plus faire confiance à la libre concurrence pour assurer l'intérêt général. Ils défendent la fusion des entreprises et le contrôle fédéral. Ils inspirent la doctrine du premier New Deal, mais leur influence décline par la suite. Le second New Deal est influencé par les travaux de Keynes (1883-1946), avec le principe du réamorçage de la pompe *(pump priming)* selon lequel la reprise économique dépend du soutien de la demande.

2. **Contre les forces de l'Axe.** – Le 7 décembre 1941, l'aéronavale japonaise attaque la base américaine de Pearl Harbor située dans l'archipel d'Hawaï. Cette attaque s'inscrit dans la politique d'expansion impériale menée par le Japon. L'anéantissement de la principale flotte de l'US Navy devait permettre au Japon d'établir son projet de « sphère de coprospérité de la grande Asie orientale ». Depuis le 26 septembre 1940, ce dernier a signé une alliance militaire qui constitue l'axe Rome-Berlin-Tokyo. Les pertes américaines sont importantes : 2 403 morts et 1 178 blessés. Quatre navires de ligne, trois croiseurs, trois destroyers et 188 avions sont détruits. L'attaque est vécue comme un désastre national. Le 8 décembre 1941, le président Roosevelt demande au Congrès de déclarer la guerre au Japon. Lors de la conférence Arcadia qui se tient à Washington du 22 décembre

1941 au 14 janvier 1942, le Premier ministre britannique Winston Churchill (1874-1965) et le président Roosevelt décident d'unir leurs forces contre l'Allemagne nazie.

Trois éléments contribuent au cœur de la guerre à renforcer l'unité du peuple. D'abord, le front rapproche toutes les origines, dans les combats menés au coude à coude. C'est la découverte de « l'égalité des corps »[1] qui unit les WASP *(White Anglo-Saxon Protestant)* et ceux que l'on désignait sous le terme de « nouveaux immigrants ». Les descendants d'Italiens, de Polonais, de Tchèques font preuve du même patriotisme et du même courage que les plus anciens Américains. La haine d'un ennemi commun, allemand ou japonais, renforce l'idée de faire partie d'une même communauté. Ensuite, cette période de guerre voit une accélération très nette des naturalisations. Deux cent quatre-vingt-quinze mille personnes deviennent Américains entre 1940 et 1945 contre 150 000 de 1935 à 1939. Enfin, la guerre est l'occasion de renforcer le patriotisme à l'arrière. Le 22 juin 1942, le Congrès établit des règles nationales pour la commémoration du *Flag Day* qui jusqu'alors variait d'une ville à l'autre. En juillet 1942, l'Administration fédérale lance la campagne *United We Stand* (« Nous nous tenons unis ») qui incite chaque famille américaine à mettre un drapeau devant sa maison. Comme le fait remarquer Hélène Harter, les fêtes civiques contribuent fortement à la mobilisation, à tel point que certaines villes décident d'ajouter des journées au calendrier traditionnel. Le 13 juin 1942, le comité municipal en charge de la « Mobilisation de New York » met sur pied une immense parade sur le thème « New York en guerre ». Plus de 2,5 millions de personnes se pressent le long de la 5e Avenue pour voir passer la parade. Pour

1. Pierre Mélandri, *op. cit.*, p. 291.

que tous les New-Yorkais se sentent concernés, et ceci, quelles que soient leurs origines, la radio retransmet la cérémonie en sept langues[1].

En 1945, les États-Unis sont les grands vainqueurs de la guerre. Le territoire n'a pas été envahi. Alors que les belligérants européens connaissent une importante crise monétaire, les réserves américaines en or sont intactes. Les États-Unis possèdent deux tiers du stock d'or mondial ; ils imposent un nouveau système monétaire international à la conférence de Bretton Woods (juillet 1944). Le pays occupe la première place dans tous les domaines de l'économie. Il assure la moitié de la production de la planète. Il possède deux tiers de la flotte mondiale et assure 25 % des échanges. Les États-Unis disposent d'une avance technologique et scientifique. En 1945, seule Washington possède l'arme nucléaire. Ce monopole ne sera brisé par l'URSS qu'en 1949. De nombreux savants (Albert Einstein, 1879-1955), intellectuels (Hannah Arendt, 1906-1975) et artistes (Dali, 1904-1989 ; Miro, 1893-1983) se sont réfugiés aux États-Unis pour fuir le nazisme ou le fascisme. Le prestige des États-Unis est renforcé par le combat en faveur de la liberté et de la démocratie, ainsi que par leur société de consommation. Les soldats américains ont exporté la culture américaine en libérant l'Europe, faisant découvrir le jazz, les jeans, les chewing-gums, etc. Les États-Unis tirent les leçons de l'après-Première Guerre mondiale en décidant de rompre avec l'isolationnisme. Le 26 juin 1945, la Charte des Nations unies, acte fondateur de l'ONU, est signée à San Francisco. L'expansionnisme soviétique et les débuts de la guerre froide conduisent les États-Unis à se poser comme les

1. Hélène Harter, *L'Amérique en guerre : les villes pendant la Seconde Guerre mondiale*, Paris, Galaade Éditions, 2006, p. 101.

leaders du monde libre. En 1942, Henri Luce (1898-1967), l'éditeur des magazines *Time* et *Life*, avait appelé les États-Unis à assumer leur rôle de puissance dominante, utilisant l'expression de « siècle américain » *(American Century)*.

3. **Contre le communisme.** – C'est en 1945, sous la plume de l'écrivain anglais George Orwell (1903-1950), que l'expression *Cold War* apparaît pour la première fois. Le 12 mars 1947, le président Truman (1844-1972) définit la doctrine de l'endiguement *(containment)* : « Je crois que les États-Unis doivent soutenir les peuples libres qui résistent à des tentatives d'asservissement. » Concrètement, cette politique repose sur une offre d'assistance militaire et financière de la part des États-Unis (en particulier le plan Marshall), s'adressant aux pays décidés à s'opposer aux pressions communistes. Entre 1950 et 1953, la guerre de Corée oppose la Corée du Nord soutenue par la République populaire de Chine et la Corée du Sud soutenue par les États-Unis du président Eisenhower (1890-1969). La guerre froide crée une atmosphère de paranoïa au sein de l'opinion américaine, qui exprime sa peur du « rouge » *(Red Scare)*. Le 9 février 1950, à l'occasion du Lincoln Day, le sénateur Joseph McCarthy (1908-1957) prononce un discours devant le Club des femmes républicaines de Wheeling (Virginie-Occidentale). La première partie du discours reprend les arguments classiques des conservateurs sur l'immoralité du communisme et la faiblesse des États-Unis face à l'URSS. La seconde partie du discours est plus originale. McCarthy y dénonce la mainmise des communistes sur le Département d'État : « J'ai ici en main une liste de 205 noms… une liste de noms qui ont été divulgués au Département d'État comme étant des membres du Parti communiste et qui néanmoins sont toujours en poste et

façonnent toujours la politique du Département d'État. » Peu importe que ces accusations soient vraies ou fausses. L'important est qu'elles frappent l'opinion. Jusqu'en 1954, une sous-commission d'enquête sénatoriale va traquer les éventuels agents, militants ou sympathisants communistes. Par extension, le terme de Maccarthysme *(McCarthyism)* ou de chasse aux sorcières *(witch hunts)* est donné à l'ensemble de la répression menée par des commissions à propos des communistes, leurs dits sympathisants, y compris celles menées par la House Un-American Activities Committee. Le HUAC, instauré en 1938 contre les nazis, est chargé à partir de 1946 d'enquêter sur les milieux de gauche. Il étend ses investigations au milieu du cinéma. C'est la naissance de la liste noire, une liste d'artistes à qui les studios refusent tout emploi. Bertolt Brecht (1898-1956), Charlie Chaplin (1889-1977), Orson Welles (1915-1985) quittent les États-Unis. Entre 1947 et 1953, 26 000 employés de l'Administration fédérale font l'objet d'une enquête, suivie de 7 000 démissions et 739 révocations, au motif d'appartenance à des organisations « subversives » ou d'« immoralité sexuelle ». Avec le Maccarthysme, l'unité se fait intolérante. Les valeurs américaines servent de prétexte au rejet de toute différence d'opinion ou de comportement. Tout écart à la norme est sanctionné comme étant « Un-American ». Le terme permet l'arbitraire : il n'est pas besoin de prouver une activité « antiaméricaine », mais son caractère « non américain », qui désigne de manière vague tout ce qui vient d'ailleurs.

II. – Exclus ou victimes de l'unité

1. **Les pauvres.** – Dans les années cinquante, l'*American Way of Life* s'impose. Avec la maison de banlieue, la pelouse tondue, la voie d'accès au garage, les rues bordées

d'arbres… Entourés des mêmes paysages, les Américains partagent les mêmes idées : la même aspiration au succès matériel, le même attachement à la propriété, les mêmes valeurs morales. En 1950, William Whyte (1914-2000) publie *La Foule solitaire*, dans lequel il évoque des Américains qui auraient pris l'habitude de vivre dans de « petites boîtes » toutes identiques. C'est le règne de l'uniformité, toute originalité étant assimilée à une conduite déviante. L'individu, dans la société moderne, serait « extrodéterminé », sa conduite étant conditionnée par le regard des autres et par les médias. C. Wright Mills dans *White Collar? The American Middle Classes* (1951) explique que la société est désormais dominée par les classes moyennes. Pour lui, l'émergence des « cols blancs » rend caduc le clivage entre patrons et ouvriers. Les « cols bleus » aspireraient à se fondre dans les classes moyennes, avec qui ils partageraient la même envie de consommer.

Mais derrière ce tableau uniforme, se cache une tout autre réalité. La pauvreté perdure au sein de l'Amérique de la prospérité. Michael Harrington décrit cette autre Amérique – *The Other America: Poverty in the United States* –, celle des chômeurs, des déclassés, des femmes seules, des vieux, des handicapés. En 1959, 22,4 % de la population vit en dessous du seuil de pauvreté. Mais reconnaître l'existence de la pauvreté heurte la représentation que les Américains se font d'eux-mêmes. La misère des années de crise appartiendrait à un passé révolu. Les mesures sociales du New Deal ainsi que l'accès à la consommation de masse sont censés avoir éradiqué la pauvreté. En 1959, Oscar Lewis définit la « culture de la pauvreté » comme un ensemble de normes et d'attitudes, différentes de celles des classes moyennes, qui auraient pour effet d'enfermer les individus dans l'état de pauvreté en se transmettant de génération en génération. N'ayant que peu d'opportunités de promotion sociale, les pauvres abaisseraient leurs aspirations.

2. **Les Noirs.** – Après la guerre de Sécession, les anciens États sudistes ont mis en place les lois Jim Crow, ayant pour but de contourner les treizième, quatorzième et quinzième amendements à la Constitution qui ont aboli l'esclavage et affirmé l'égalité entre Noirs et Blancs. En 1896, la Cour suprême légitime la législation ségrégationniste du Sud, en formulant la doctrine *separate but equal* (« séparés mais égaux »). L'arrêt *Plessy v. Ferguson* concerne spécifiquement la ségrégation dans les transports publics. D'esclaves, les Noirs sont devenus des citoyens de seconde zone, qui ne peuvent pas s'asseoir dans les bus ou dans le train à côté des Blancs, aller dans les mêmes écoles ou jurer sur la même Bible dans les tribunaux. Les Noirs doivent s'effacer devant les Blancs, leur laisser le passage dans la rue en retirant leur chapeau, les appeler « Monsieur » et « Madame » alors qu'eux n'ont droit qu'à leur prénom, etc.

Les Noirs sont dans les faits privés de leurs droits civiques, notamment le droit de voter, par le biais de manipulations électorales (tests d'alphabétisation) ou d'intimidations de la part du Ku Klux Klan. Laissés à l'écart des jurys populaires, les Noirs étaient à la merci d'un système judiciaire contrôlé par les seuls Blancs. Dans les États du Sud, des milliers de Noirs sont alors victimes de lynchages, souvent avec la complicité des autorités locales. Entre 1889 et 1903, deux Noirs sont assassinés en moyenne chaque semaine : pendus, brûlés vifs ou mutilés. En 1930, le lynchage de Thomas Shipp et d'Abram Smith, dans l'Indiana, inspire la chanson *Strange Fruit* composée par Abel Meeropol. Reprise par Billie Holliday en 1939, la chanson, qui est un réquisitoire contre les lynchages, devient un succès populaire pendant la Seconde Guerre mondiale.

Grâce au combat de l'avocat noir Thurgood Marshall (1908-1993) et de la NAACP (National Association for the Advancement of Colored People), la ségrégation scolaire est déclarée inconstitutionnelle par la Cour suprême. En 1954, l'arrêt *Brown v. Board of Education of Topeka* affirme que les établissements scolaires doivent être accessibles à tous. L'arrêt ne fixe cependant pas de délai à son application par les États du Sud. En 1957, le président Eisenhower doit envoyer les troupes fédérales pour contraindre l'État de l'Arkansas à intégrer neuf enfants noirs au lycée de Little Rock.

Depuis le début des années 1950, les Noirs intensifient leur combat pour leurs droits civiques, notamment sous l'impulsion du pasteur Martin Luther King (1929-1968). Celui-ci se fait connaître en 1955 alors qu'il lance une campagne de boycottage contre une compagnie de bus ségrégationniste ; à l'origine de cette campagne, une femme noire, Rosa Parks (1913-2005), qui avait refusé de laisser sa place à un passager blanc. La même année, le meurtre du jeune Emmet Till (14 ans) par des racistes blancs, dans le Mississippi, a un effet important sur l'évolution des mentalités. Originaire de Chicago, la mère d'Emmet Till décide de faire ouvrir le cercueil, afin que les médias du pays puissent diffuser les images du visage défiguré de son fils.

3. **Les Indiens.** – Fait paradoxal : alors que la ségrégation raciste interdit l'intégration souhaitée par la communauté noire, la *Termination Policy* cherche à imposer aux Indiens une unité dont ils ne veulent pas. Faire entrer les Indiens dans le mode de vie américain est la ligne de conduite des autorités fédérales. Les défenseurs

de la cause indienne comme John Collier (1884-1968) dénoncent une tentative de génocide culturel.

La citoyenneté avait été accordée en 1924 *(Indian Citizenship Act)* suite aux sacrifices consentis pendant la Grande Guerre, notamment par les Cheyenne et les Iroquois. La *Termination Policy*, menée du milieu des années 1940 au milieu des années 1960, entend favoriser l'installation des Indiens en ville et achever leur assimilation. Cette politique part de la conviction que les Indiens doivent être assimilés comme individus à la culture *mainstream*. Le Congrès propose que les relations particulières soient abandonnées entre le gouvernement fédéral et les tribus. Prenant pour prétexte l'idée de faire de l'Indien un citoyen comme un autre, cette politique met fin en pratique à la reconnaissance de la souveraineté des tribus. C'en est donc fini de la possibilité pour les Indiens de s'administrer eux-mêmes au sein des réserves et donc de vivre selon leurs propres lois. Les Indiens sont soumis aux mêmes taxes et ne bénéficient plus d'exemptions. Entre 1953 et 1964, le gouvernement met fin à la reconnaissance et au statut particulier de 109 tribus jadis souveraines. Cinq mille cinq cent vingt-sept kilomètres carrés de territoire perdent leur statut protégé et plus de 13 000 Amérindiens perdent leur affiliation tribale. De nombreuses études montrent les effets négatifs de cette acculturation et de cette intégration forcée, provoquant la déstructuration de nombreuses communautés. Pour les autorités fédérales, l'idée est bien de restaurer une complète souveraineté américaine sur l'ensemble du territoire et d'encourager l'assimilation à un moule unique, fondé sur l'individualisme. La diversité culturelle, sociale et juridique que les sociétés amérindiennes tentaient de préserver devait être balayée au nom d'une vision uniforme du progrès et de la modernité.

Chapitre VII

LA DIVERSITÉ SANS L'UNITÉ (1960-1980)

Dans les années 1960, l'*American Way of Life* fait l'objet d'une contestation à la fois sociale, culturelle et ethnique. L'unité est alors perçue comme un carcan, voire comme le résultat d'une oppression. Il y aurait désormais plusieurs manières d'être américain. Beaucoup d'historiens voient dans cette période les racines d'une Amérique divisée et polarisée par les options morales, l'ethnicité, les partis politiques, les classes, le genre, etc. Une polarisation qui aboutirait à la fragmentation du pays. Pour certains, le pluralisme est une donnée de base de l'identité américaine ; il doit être respecté comme un élément intrinsèque de la vie démocratique. Mais cette diversité n'est pas seulement choisie – comme résultat d'un mouvement de revendication sociale. Elle est aussi subie, étant également le produit de la ségrégation et de la pauvreté. Une commission consultative est créée par le président Johnson (1908-1973) afin de conseiller son gouvernement après les révoltes qui ont éclaté dans plusieurs villes au cours des années 1960. Cette commission, présidée par le gouverneur de l'Illinois Otto Kerner, conclut, en mars 1968, que les États-Unis sont en passe « de se scinder en deux sociétés, l'une noire et l'autre blanche, séparées et inégales ».

I. – La société en contestation

1. **La contre-culture.** – Le terme de contre-culture est utilisé pour la première fois en 1969 par Theodore Roszak (1933-2011) dans son ouvrage *The Making of a Counter Culture*. Il désigne une sous-culture partagée par un groupe d'individus qui se distinguent par une opposition volontaire à la culture dominante. Le mouvement hippie se développe au cours des années 1960. Les hippies se différencient du reste des Américains – qu'ils appellent les *straight* – par leurs vêtements, leurs coupes de cheveux et une sexualité sans tabou. Les hippies rejettent l'idéologie du mérite et de la réussite matérielle qui forme le socle du consensus social. Ils aspirent à une sorte de fraternité universelle, s'appuyant sur les religions orientales (notamment le bouddhisme) dans leur quête d'harmonie avec la nature. Composé d'étudiants issus du baby-boom de l'après-guerre, le mouvement de contestation est avant tout générationnel. Jack Weinberg, membre du *Free Speach Movement*, exprime cette rupture : « Ne faites pas confiance à quelqu'un de plus de 30 ans. » Le mouvement étudiant naît à l'université de Berkeley en 1964 dans un contexte d'hostilité à la guerre du Vietnam. Il se réclame de l'héritage des écrivains de la *Beat Generation*, en rupture avec le conformisme des années 1950. *Sur la route* (*On the Road*, 1957) de Jack Kerouac (1922-1969) propose une alternative à l'uniformité au mode de vie américain. La vie nomade résulte alors d'une quête spirituelle. En 1964, l'écrivain Ken Kesey (1935-2001) fonde le groupe des *Merry Pranksters*. Il parcourt des routes américaines dans un bus décoré et organise des *acid tests* autour du rock psychédélique des Grateful Dead. La médiatisation des Merry Pranksters est à l'origine des communautés comme l'East Village à New York ou Haight-Ashbury

à San Francisco, qui accueillent de plus en plus de jeunes, dont de nombreux mineurs en fugue. Les autorités publiques s'inquiètent de ce mouvement et tentent de l'enrayer. Le 6 octobre 1966, la Californie interdit l'usage du LSD. À l'été 1967, le festival de musique pop de Monterey rassemble 200 000 personnes. C'est l'été de l'amour *(Summer of Love)*. Les Beatles, dans leur titre *All You Need Is Love*, prônent l'amour et la paix. Les hippies se qualifient eux-mêmes d'« enfants-fleurs » *(flower children)*. En août 1969, le festival de Woodstock marque l'apogée de la culture hippie. Les hippies ne font pas confiance aux hommes politiques, fussent-ils progressistes. Les *Yippies* constituent la frange la plus radicale du mouvement. Jerry Rubin (1938-1994), leader de l'opposition à la guerre du Vietnam, est condamné pour conspiration et incitation à l'émeute. La liberté sexuelle *(free love)* fait partie intégrante du nouveau mode de vie. La pilule contraceptive se généralise tandis que le droit à l'avortement est réclamé. Les hippies rejettent le mariage traditionnel et l'institution familiale. L'influence de la contre-culture va bien au-delà de ces quelques communautés. Selon une enquête de l'institut Gallup, le nombre d'Américains pensant qu'il était « mal de faire l'amour avant le mariage » chute de 68 % en 1969 à 48 % en 1973 !

En juin 1969, un groupe de lesbiennes, gays et transsexuels, s'oppose aux forces de police qui sont intervenues sans ménagement au *Stonewall Inn*, un bar gay de New York. Les émeutes de *Stonewall* sont le point de départ de la lutte pour l'égalité des droits entre homosexuels et hétérosexuels. Le 28 juin 1970, Brenda Howard (1946-2005), la « mère de la Fierté », coordonne le premier anniversaire en organisant la Christopher Street Liberation Parade à New York. Le slogan est « Come Out! ». C'est la naissance de la « Gay Pride ».

2. **La fierté ethnique.** – L'idée de *melting pot* est également contestée. D'une part, parce qu'elle ne consisterait pas en une intégration dans un creuset américain, résultant d'une diversité d'origines, mais bien en la nécessité de se conformer à un modèle anglo-saxon unique. D'autre part, parce que cette conception serait une idéologie hypocrite, dans la mesure où la communauté noire est toujours exclue de l'intégration que l'on ne cesse de prôner en théorie.

Dans *Beyond the Melting Pot, an Influential Study of American Ethnicity* (1963), Nathan Glazer et Daniel Moynihan affirment que les caractéristiques ethniques sont plus résistantes que l'ont estimé les théories assimilatrices. La force de l'ethnicité ne tiendrait pas tant dans le processus de transmission que dans une recréation continue de caractéristiques ethniques au sein de la société américaine. L'idée de *melting pot* a été critiquée dès sa création par l'écrivain juif Horace Kallen. Dans son ouvrage *Culture and Democracy* (1924), il est le premier à se servir de l'expression « pluralisme culturel ». Il provoque le scandale en estimant que la menace pour l'identité culturelle de la communauté juive n'est pas l'antisémitisme mais bien l'assimilation. Mais, c'est au cours des années 1960 que la notion de pluralisme culturel s'impose. Le terme *ethnic*, employé comme adjectif, a désigné pendant longtemps une qualité peu enviée : l'appartenance à une nation étrangère. Cependant, au milieu des années 1960, l'adjectif se charge d'une valorisation positive. Une enquête de 1972 fait apparaître une brusque poussée de l'identification ethnique. Un Américain sur deux revendique désormais une histoire qui le rattache à un pays étranger. L'appellation dite à « trait d'union » *(Hyphen)* était utilisée au début du siècle pour suspecter la loyauté des nouveaux immigrants à l'égard de leur pays d'adoption. C'était le cas du président Woodrow Wilson, qui voyait avec suspicion les « German-Americans » dans le contexte de la Première Guerre mondiale. Mais au cours des années 1960, le trait d'union est revendiqué par les minorités (*Afro-American*, *Hispanic-American*, etc.) et prend une connotation positive. On se glorifie d'être la « Nation of many peoples ». L'image du *melting pot* est remplacée par celle de *salad bowl*. L'attachement à sa communauté culturelle ou ethnique cohabite avec l'appartenance à la nation, d'ordre juridique et politique. L'appellation « European American » a même été proposée en 1977 pour figurer dans les catégories du recensement du US Census à la place du terme de « White », mais il n'est pas passé dans le langage courant.

La ségrégation raciste marque également l'échec du *melting pot*. Certaines organisations noires – Nation of Islam, Black Panthers – se détournent des idées pacifistes de Martin Luther King. Elles prônent l'autodéfense et l'affirmation du *Black Power*. En 1967, Stokely Carmichael (1941-1998) et Charles V. Hamilton (né en 1929) développent l'idée d'un séparatisme noir. L'idée de Nation noire émerge face à la Nation blanche. Si seulement une minorité de Noirs se disent prêts à suivre les leaders politiques comme Huey Newton (1942-1989) ou Bobby Seale (1936-), l'impact du *Black Power* est en revanche réel sur le plan culturel. Le principe du « black is beautiful » encourage les hommes et femmes noirs à ne plus effacer leur identité africaine, en défrisant leurs cheveux ou en éclaircissant leur peau. C'est la période des coiffures « afro ». On remet en cause le fait que les traits physiques « noirs » seraient moins attrayants que les traits physiques « blancs ». L'association entre négritude et laideur était alors un élément d'un « racisme internalisé » *(internalized racism)*. Dans son roman, *The Bluest Eye* (1970), l'écrivaine africaine américaine

Toni Morrison évoque l'intériorisation des critères de beauté de la communauté blanche, qui conduit son héroïne – issue d'une famille noire pauvre – à la folie. Le désir d'avoir des yeux bleus traduisait chez elle le désir de sortir de son environnement marqué par la misère et la dureté des sentiments.

3. **Le féminisme.** – Un débat divise les militantes au cours des années 1960. Doivent-elles combattre sur des questions spécifiquement féminines ou se fondre dans des mouvements généraux contre la ségrégation, le capitalisme ou la guerre ? Ruby Doris Smith (1942-1967), militante des droits civiques, affirme qu'il faut se battre *en tant que* femme, expliquant que les femmes étaient systématiquement réduites aux travaux de secrétariat au sein de son organisation noire (SNCC). Début 1968, des centaines de femmes défilent dans l'Arlington National Cemetary pour accompagner l'« enterrement de l'éternel féminin »[1]. À l'automne de la même année, un groupe féministe manifeste contre l'élection de Miss Amérique. Les militantes jettent symboliquement des soutiens-gorge, des bigoudis et des faux cils, puis décernent le titre de Miss Amérique à une brebis ! Le WITCH (Women's International Terrorist Conspiracy from Hell) prône la « libération de la femme ». Déguisées en sorcières, elles manifestent devant Wall Street et distribuent des tracts : « Dans toute femme, une Sorcière vit et ricane. Elle est l'être libre qui est en chacune de nous, derrière les sourires timides, l'acceptation de l'absurde domination masculine, le maquillage ou les vêtements qui torturent nos corps et que la société nous impose. » En 1969, un article de Margaret Benston (1937-1991) – « The Political Economy of Women's

1. Cité par Howard Zinn, « Aux sources du féminisme américain », revue *Agone*, 28, 2003.

Liberation » – ouvre le débat sur le travail féminin non salarié. Pour elle, les femmes au foyer se retrouvent en dehors du système économique moderne. Leur statut s'apparenterait à celui des serfs d'autrefois. Quant aux femmes occupant des emplois dits « féminins » – secrétaires, réceptionnistes, dactylos, vendeuses – elles subiraient, en plus des humiliations communes aux deux sexes, des humiliations spécifiques, liées au harcèlement sexuel, au sexisme, etc. Fondée en 1966, la NOW (National Organization for Women) intente plus d'un millier de procès à des entreprises accusées de discrimination sexiste. En 1967, le président Johnson signe un décret interdisant la discrimination sexiste au sein de l'Administration fédérale.

Le droit à l'avortement devient également une des revendications majeures. À la fin des années 1960, un million d'avortements sont pratiqués chaque année, en toute illégalité. Un tiers des femmes sont hospitalisées à la suite de complications. En 1973, l'arrêt de la Cour suprême *Roe v. Wade* reconnaît le droit à l'avortement. Il s'appuie sur le quinzième amendement de la Constitution qui garantit le droit au respect de la vie privée de chaque citoyenne américaine. Cet arrêt divise l'opinion américaine entre *pro-choice* (pour le droit à l'avortement) ou *pro-life* (antiavortement).

II. – Le temps des doutes

1. De la Nouvelle frontière à la Grande Société

Le pouvoir politique tente de répondre aux attentes du mouvement social en faveur de davantage de justice et d'égalité. Élu en 1960, John Fitzgerald Kennedy (1917-1963) prône l'interventionnisme fédéral et propose aux Américains de repousser une « Nouvelle frontière », celle des « préjugés et de la pauvreté ». Le mandat de Kennedy est marqué par les crises majeures destinées à contrer l'expansion communiste (construction du mur de Berlin du 12 au 13 août 1961, crise des missiles de Cuba en 1963). Sur le plan intérieur, Kennedy rencontre Martin Luther King lors de la marche sur Washington en 1963, mais son programme progressiste se heurte à un Congrès certes en majorité démocrate, mais dominé par les démocrates du Sud, hostiles à la fin de la ségrégation.

Ce n'est qu'après son assassinat, le 22 novembre 1963, qu'une partie de son programme est repris, avec plus de succès, par Lyndon Johnson. Alors vice-président, ce dernier termine le mandat de Kennedy, puis est élu président en 1964. Il doit gérer la première partie de la guerre du Vietnam, ce qui entraîne une baisse de sa popularité. Cependant, sur le plan intérieur, la *Great Society* constitue l'un des plus importants programmes de réformes jamais engagés. En faveur des droits civiques, Lyndon Johnson promulgue le *Civil Rights Act* (1964) puis le *Voting Rights Act* (1965). Sur le plan social, il reprend à son compte l'objectif défini dix ans auparavant par Ida Merriam, une chercheuse qui avait commencé sa carrière dans la Social Security Administration créée sous Roosevelt : éliminer la pauvreté par une politique nationale volontariste. Il déclare une « guerre inconditionnelle contre la pauvreté », notamment sur le plan de la santé. Il crée le *Medicare* (pour les plus âgés) et le *Medicaid* (pour les plus pauvres). C'est un moment clé de la mobilisation d'un ensemble d'experts de la pauvreté. Comme le précise Romain Huret, la tâche des experts s'avérait difficile dans un pays où la pauvreté n'apparaissait pas comme un « mal social » mais comme un « mal moral »[1]. La pauvreté n'est pas vue comme le résultat

1. Romain Huret, « La fin de la pauvreté ? », *Les Experts sociaux en guerre contre la pauvreté aux États-Unis (1945-1974)*, Paris, Éditions de l'École des hautes études en sciences sociales, 2008, p. 87.

d'un environnement socio-économique mais comme la sanction d'une défaillance du comportement : manque de courage, paresse, etc. Ces mentalités ont progressivement évolué, notamment grâce aux recherches de l'universitaire Robert Lampman. Dans un rapport adressé au Congrès en 1959, il montre que les plus pauvres, loin d'être défaitistes et inactifs, font partie des Américains les plus mobiles, comme le prouve l'importance de leurs migrations internes. Leur exclusion du rêve américain procède bien d'un contexte socio-économique.

Le 24 septembre 1965, Lyndon Johnson met en place les dispositifs d'Affirmative Action pour favoriser l'égalité entre Noirs et Blancs. Les organismes fédéraux ne doivent passer des marchés qu'avec des fournisseurs qui prennent des « mesures positives » pour que leur main-d'œuvre reflète la diversité du pays. Les Noirs doivent être représentés dans les entreprises et les universités en fonction de leur importance dans la population. L'égalité ne doit pas rester théorique. Elle doit désormais s'accompagner d'une obligation de résultat. Les minorités doivent bénéficier d'un traitement préférentiel afin de compenser les discriminations dont elles font l'objet. En 1975, Nathan Glazer, dans *Affirmative Discrimination*, dénonce cette politique qui serait en contradiction avec le *color-blindness* (indifférence à la couleur) de la Constitution américaine. Les minorités seraient injustement avantagées par rapport aux Blancs au point qu'elles seraient mieux loties qu'eux. Il s'agirait d'une « discrimination à l'envers » *(reverse discrimination)*.

Les partisans de l'*affirmative action* objectent que l'interdiction légale d'exclure les Noirs n'a pas eu d'incidence sur leur intégration sur le marché de l'emploi ou dans le domaine du logement. Le facteur qui détermine l'exclusion – la « race » au sens américain – doit donc servir de mesure à l'intégration effective. Les premiers objectifs chiffrés apparaissent sous le gouvernement Nixon. Depuis, les « pluralistes » se divisent en deux tendances, entre ceux qui acceptent que les individus se fondent au sein des communautés pour la défense de leurs droits *(corporate pluralism)* et les partisans du « pluralisme libéral » plus attentifs à la liberté pour chaque individu de s'identifier selon son propre choix.

L'interventionnisme fédéral ne cesse pas après le mandat de Lyndon Johnson. Le républicain Richard Nixon (1913-1994), qui entre à la Maison-Blanche en 1969, lance en effet plusieurs initiatives en faveur des familles défavorisées. En 1973, l'Office of Economic Opportunity est cependant dissout. Le Congrès vote l'année suivante un ensemble de mesures destinées aux seuls pauvres « méritants »...

2. **Les risques de fragmentation.** – Les années 1960 seraient la matrice des fractures de la nation américaine. Une « guerre civile culturelle » opposerait les partisans de la morale puritaine et ceux de la libération des mœurs, les partisans de l'assimilation et ceux du respect des différences, les défenseurs de l'État fédéral et ceux des États fédérés. La tradition de contestation de la centralisation connaît alors un renouveau particulièrement fort. La droite conservatrice critiquant le « tout-État » *(Big Government)* bénéficie du soutien d'une Cour suprême qui entend alors restaurer les « droits des États » *(States' Rights)*.

La fracture serait d'abord politique et culturelle. Dans son ouvrage *One Nation, Two Cultures*, Gertrude Himmelfarb estime que deux cultures divisent irrémédiablement le pays. La première met en avant la libre expression, l'évolution des mœurs et la redéfinition des rôles au sein de la famille. La seconde, à laquelle s'identifie l'historienne, réaffirme l'autorité parentale, le respect des traditions et des valeurs chrétiennes. Les élections présidentielles témoignent tous les quatre ans de cette fracture, les États « bleus » (progressistes) le long des côtes s'opposant aux États « rouges » (conservateurs) du Sud et du Centre.

Une deuxième fracture tient à la place accordée aux minorités. En janvier 1994, lors d'un discours à Milwaukee, le vice-président Al Gore traduit la devise *E pluribus unum* par *Out of One, Many!* (de l'unité, faisons de la diversité) plutôt que *Out of Many, One!*, renversant le sens de la traduction littérale. Plus qu'une erreur de latin, les conservateurs y lisent la menace que le multiculturalisme ferait courir à l'unité nationale. L'historien Arthur Schlesinger Jr. évoque également le risque d'une « désunion de l'Amérique ». La culture américaine est pour lui fondée sur des bases anglo-saxonnes. Il dénonce le « culte de l'ethnicité », craignant que les États-Unis ne se morcellent en une myriade de groupes. L'intérêt collectif passerait désormais derrière les intérêts multiples de chaque communauté. Dans *Pluralism: a Political Perspective* (1980), Michael Walzer estime au contraire que le pluralisme a été la règle – et non l'exception – tout au long de l'histoire américaine. L'Amérique est depuis l'origine une société d'immigrants. La diversité culturelle ne saurait entamer l'identité américaine, dans la mesure où celle-ci s'appuie sur un contenu civique et non ethnique. La diversité de l'Amérique est culturelle, l'unité est politique. L'individualisme a un effet déstabilisateur sur l'identité des groupes. Il favoriserait une « unité des individus à côté de la diversité des groupes ». Les Américains signalent par un trait d'union leur double attachement ethnique et national (*afro-american*, *italian-american*, etc.), mais ils peuvent vivre « de chaque côté du trait d'union » *(on either side of the hyphen)* tout en restant américains. D'après James Davison Hunter[1], le débat sur la guerre civile culturelle est un débat sur le sens de l'Amérique. Et, plus que sur son passé, sur ce que le peuple américain aspire à devenir.

1. James Davison Hunter, *Culture Wars: the Struggle to Define America*, Basic Books, Reprint Edition, 1991.

Chapitre VIII

UNIS CONTRE LE « MAL » (1980-2008)

Dans un mémorandum de 1984, un conseiller résume le but de la campagne de réélection du président Reagan (1911-2004). Il s'agit d'offrir aux Américains l'occasion de faire corps autour de celui qui les incarne collectivement : « Dépeignez Reagan comme l'incarnation de tout ce qui est juste dans l'Amérique ou de tout ce qu'elle héroïse. Placez Mondale [le candidat démocrate] dans une situation où attaquer Reagan revient à attaquer l'image idéalisée que l'Amérique a d'elle-même – où un vote contre Reagan est, dans un sens subliminal, un vote contre une Amérique mythique. »[1] Mais l'unité autour des valeurs semble devoir se nourrir de son pendant négatif. Le modèle s'identifie par opposition à un contre-modèle. Avoir un ennemi commun permet de se souder sur le plan intérieur et de justifier le leadership américain sur le plan extérieur. Dans ce contexte, la disparition de l'URSS, plutôt que d'ouvrir la voie à une ère de paix et de coopération, passant de la détente à l'entente, laisse place à la définition d'une nouvelle menace : le terrorisme islamiste.

1. Cité dans Pierrre Mélandri, *Reagan : une biographie totale*, Paris, R. Laffont, 1988, p. 368.

I. – Les années Reagan et la fin de la guerre froide

1. **« America Is Back ».** – « L'Amérique est de retour, et c'est à Ronald Reagan qu'elle le doit » : comme le précise le slogan de la campagne de 1984, le président s'est attelé à redonner confiance au peuple américain. Au début des années 1980, celui-ci vivait dans la crainte du déclin, résultant d'une double concurrence : celle de l'Union soviétique sur le plan géostratégique et celle du Japon sur le plan économique. Pour Reagan, la principale faiblesse de l'Amérique tient à son organisation interne : « L'État n'est pas la solution à notre problème ; l'État est le problème. » Le but de la nouvelle administration républicaine doit donc de faire cesser l'interventionnisme fédéral, entrave à l'esprit d'entreprise. Il s'agit de libérer les Américains de la « prison » étatique qui annihile leur inventivité et leur retire l'envie de réussir. Ce sont Kennedy, puis Johnson avec sa Grande Société, les principaux responsables : « En 1960, l'État fédéral gérait 132 programmes catégoriels de subventions, d'un coût de sept milliards de dollars. Quand je suis entré en fonctions, il y en avait approximativement 500, représentant un coût de près de 100 milliards de dollars. »[1] En 1981, Reagan annonce la suppression de 23 000 pages du *Federal Register*, qui archive les lois et régulations. En 1984, il affirme être parvenu à une économie de 300 millions d'heures de paperasserie annuelle.

Reagan propose une version rénovée de « l'Évangile de la Richesse » de l'époque de l'âge doré. Sa philosophie politique est fondée sur la réconciliation

1. Cité dans Pierre Mélandri, « Ronald Reagan, chantre d'une Amérique de héros et de pionniers », *in* François Durpaire, Thomas Snégaroff (coord.), *L'Unité réinventée : les présidents américains face à la nation*, Paris, Ellipses, 2008, p. 209.

du populisme et du capitalisme. Tous les Américains seraient victimes de Washington et de ses institutions bureaucratiques. C'est l'ensemble du peuple qui est trop imposé : pas plus les riches que les pauvres, pas plus les gros que les petits. Il faut donc protéger le contribuable de l'État, car chaque dollar que l'État fédéral ne lui prendra pas pourra alors être réinvesti dans l'économie.

Le thème de l'unité revient sans cesse dans ces discours : « Lorsqu'il s'agit du bien-être de la nation, les Américains peuvent encore se rassembler pour le bien de tous. » Reagan sait qu'il doit collaborer avec les démocrates du Congrès, qui sont majoritaires à la Chambre tout au long de son mandat et au Sénat dans les deux dernières années. C'est ce qui explique qu'il rende si souvent hommage à d'anciens présidents démocrates : « Dans l'esprit de Jefferson, proclamons que dans cette Chambre, ce soir, il n'y a pas de républicains, ni de démocrates – seulement des Américains. Oui, nous aurons nos divergences, mais rappelons-nous toujours que ce qui nous unit dépasse de beaucoup tout ce qui peut nous diviser. » Plus fondamentalement, Reagan estime que l'unité est la condition de la puissance du pays. Le 17 mai 1981, il revient à l'université Notre-Dame où il était venu présenter quarante ans auparavant *Knute Rockne, All American*, le film qui avait fait de lui une vedette. L'histoire était celle d'une équipe de football qui avait réussi à « réaliser l'irréalisable », en surmontant ses dissensions pour tendre vers un objectif commun. Tout comme pour une équipe sportive, c'est donc dans l'unité que l'Amérique trouvera la clé de ses réussites futures.

Pour Reagan, l'Amérique doit se réaffirmer sur la scène extérieure face à l'ennemi soviétique. Lancée dès 1983, l'Initiative de défense stratégique (IDS) vise à développer un système de défense spatial antimissile qualifié également de « guerre des étoiles ». C'est Reagan lui-même qui utilise les expressions du film de George Lucas, qualifiant le bloc soviétique d'« Empire du mal ». Ce programme de relance en matière de recherches en armement oblige l'Union soviétique à une compétition militaro-économique qui va l'étouffer financièrement avant de précipiter sa chute. Le 25 janvier 1988, dans son discours sur l'état de l'Union, Reagan anticipe la victoire du camp de la Liberté : « Il y a sept ans, l'Amérique était faible et, partout, la liberté était en état de siège. Aujourd'hui, l'Amérique est forte et partout la démocratie est en marche. » Vingt mois plus tard, la chute du mur de Berlin met fin à la guerre froide.

2. **1989-2001 : le bref moment unipolaire.** – Dans le système bipolaire, les États-Unis et l'Union soviétique se partageaient la puissance, ce qui neutralisait leur capacité d'intervention réciproque. La disparition de l'URSS laisse les États-Unis comme seule puissance incontestable, qui peut désormais assurer une suprématie dans les quatre domaines clés : l'armée, l'économie, la technologie et la culture. Dans ce contexte, le terme de « superpuissance », utilisé pendant la guerre froide, fait figure d'euphémisme. En 1999, le terme d'« hyperpuissance » est utilisé pour la première fois par Hubert Védrine, ministre français des Affaires étrangères : « Pour ma part, j'estime que depuis 1992 le terme de "superpuissance" ne suffit plus pour décrire les États-Unis. Terme trop connoté à la guerre froide et trop exclusivement militaire, alors que la suprématie américaine d'aujourd'hui s'exerce aussi bien sur l'économie, la monnaie, la technologie, les domaines militaires que sur les modes de vie, la langue et les produits culturels de masse qui submergent le monde, modelant les pensées fascinant jusqu'aux adversaires des États-Unis. »

Selon Joseph Nye, professeur à Harvard, la puissance américaine comprend les éléments traditionnels de la « puissance dure » *(hard power)* : 43 % des dépenses militaires mondiales, 25 % du PIB mondial, importance du dollar pour les transactions internationales, etc. Mais ce pouvoir relèverait également de facteurs de « puissance douce » *(soft power)* : pratique internationale de l'anglais, 40 % des dépenses mondiales de recherche, prépondérance de la culture populaire américaine (musique, cinéma), domination des marques américaines (Coca-Cola, Levi's, Apple) et des chaînes de restauration rapide (McDonald's). L'hégémonie du pays est sans précédent, à tel point que la globalisation semble se confondre avec l'américanisation. Francis Fukuyama n'hésite pas à évoquer la « fin de l'histoire ». La démocratie et le libéralisme n'auraient plus d'entraves. Le progrès de l'histoire, avec la fin du combat entre les idéologies, s'achèverait par un consensus global sur la démocratie libérale.

Le monde sans l'URSS semble bien commencer pour les États-Unis. Quand Saddam Hussein (1937-2006) envahit le Koweït pour s'emparer de son pétrole et élargir son accès à la mer, George Bush parvient à réunir une coalition de 40 nations. Le 17 janvier 1991, il lance l'offensive, et 42 jours seulement suffisent à gagner la guerre. L'Amérique de Clinton bénéficie d'une embellie économique liée à l'explosion des nouvelles technologies de l'information et de la communication. Elle intervient massivement dans les affaires internationales, parvenant souvent à obtenir le mandat de l'ONU ou l'appui de l'OTAN : opération *Restore Hope* en Somalie en 1992-1993, intervention à Haïti en 1994, accords de Dayton en 1995 qui aboutissent à la partition de la Bosnie-Herzégovine, frappes aériennes contre les positions serbes pour empêcher un génocide au Kosovo.

Mais derrière ce tableau, l'Amérique de Bush et de Clinton cache une interrogation sur son avenir, voire une profonde inquiétude. Ne sachant plus à qui s'opposer, le pays traverse une crise d'identité. Le climat dépressif semble confirmer la prédiction d'un diplomate soviétique. En mai 1988, Georgyi Arbatov, conseiller de Mikhaïl Gorbatchev, annonçait à ses homologues américains : « Nous allons vous rendre le pire des services : vous priver d'ennemi. » Avec la disparition de la menace soviétique, contre lequel le bloc occidental s'était structuré, l'Amérique allait devoir en effet repenser son leadership. Bientôt, les responsables américains vont se trouver un substitut à la menace communiste. Le « monde musulman », « l'islamisme radical » puis le « terrorisme islamique » prennent le rôle de contre-modèle joué par l'URSS. Willy Claes, secrétaire général de l'OTAN, déclare à la *Süddeutsche Zeitung* : « Le fondamentalisme est aussi dangereux que l'était le communisme. »[1] L'Alliance atlantique retrouve ainsi sa raison d'être. Les attentats du 11 septembre valident bientôt ces craintes. D'un Est à l'autre, la menace, jadis idéologique, va devenir « civilisationnelle ». Les Américains ont peur ensemble. L'insécurité et le réflexe d'autodéfense vont ressouder la nation.

II. – D'un ennemi à l'autre : les attentats du 11 septembre

1. **Le « choc des civilisations ».** – L'historien Eric Foner estime que jamais, depuis l'Empire romain, un État n'avait concentré autant d'éléments de puissance

1. Cité par Pascal Boniface, *Vers la 4e guerre mondiale ?*, Paris, Armand Colin, 2009.

globale. Pour la première fois, la domination américaine est sans partage. Mais la roche tarpéienne est proche du Capitole…, car c'est au moment où cette hégémonie est la plus affirmée que les États-Unis subissent l'attaque la plus considérable de leur histoire, mettant en lumière leur invraisemblable vulnérabilité.

Les quatre attentats du 11 septembre 2001 (désignés sous l'expression *9/11* en anglais) sont perpétrés sur le sol américain par des membres du réseau djihadiste al-Qaïda, faisant près de 3 000 victimes, originaires de 93 pays. Dix-neuf terroristes détournent quatre avions de ligne dans le but de les précipiter sur des bâtiments symboliques de l'Amérique. Deux avions sont projetés sur les tours jumelles du World Trade Center (Manhattan) et le troisième sur le Pentagone. Les deux tours s'effondrent moins de deux heures plus tard. Alors qu'il se dirige vers Washington, le quatrième avion s'écrase en rase campagne à Shanksville (Pennsylvanie), après que des passagers ont essayé d'en reprendre le contrôle. Les événements du 11 septembre, diffusés en direct, notamment sur CNN, sont vus par des centaines de millions de téléspectateurs et provoquent un choc mondial. Le président George W. Bush s'adresse à 20 h 30 au peuple américain depuis le bureau ovale de la Maison-Blanche : « Les attentats terroristes peuvent secouer les fondations de nos immeubles les plus hauts, mais ils ne peuvent pas ébranler les fondations de l'Amérique. […] L'Amérique, ses amis et alliés se joignent à tous ceux qui veulent la paix et la sécurité dans le monde et nous sommes unis pour gagner la guerre contre le terrorisme. »

Cette notion de « guerre contre le terrorisme » ou de « guerre contre la terreur » (*war on terrorism*, *war on terror*) avait déjà été utilisée lors des présidences Reagan et Clinton. Mais cette campagne va s'avérer totalement inédite, du fait d'actions militaires extérieures d'envergure et de la théorisation du concept de « guerres préventives ». Dans le mois suivant les attentats, George W. Bush utilise le terme de « croisade » *(crusade)* avant d'abandonner le terme. Il confortait de cette manière les propres discours de Ben Laden, qui se réfère au combat contre les « croisés » pour justifier son combat. En juillet 2005, des membres de l'Administration américaine cherchent à imposer le terme de « combat global contre l'extrémisme violent ». Les néoconservateurs évoquent même une quatrième guerre mondiale *(World War IV)*, la troisième guerre mondiale désignant la guerre froide. Dans *Le Choc des civilisations* (1996), Samuel Huntington, professeur à Harvard, affirme que la chute du mur de Berlin annonçait le passage d'un monde caractérisé par des oppositions idéologiques (entre communisme et capitalisme) à un monde marqué par des clivages civilisationnels. Il en veut pour preuve la résurgence des sentiments identitaires, que ce soit dans le monde musulman, avec le réveil du radicalisme musulman, en Asie ou en Europe orientale. Il estime que c'est l'islam qui explique l'échec de la démocratie dans la majeure partie du monde musulman. À l'inverse, les cultures issues du christianisme favoriseraient la prospérité et la démocratie. La thèse de Samuel Huntington nourrit la vision du monde de l'administration républicaine. Ainsi, le document définissant la notion de guerre préventive *(National Security Strategy 2002)* évoque les alliés de la terreur comme des « ennemis de la civilisation ». Cette « guerre contre le terrorisme » est l'occasion de réaffirmer les valeurs qui unissent les Américains, et en premier lieu l'idée de « liberté ». Reprenant une tradition ancienne – Jefferson qualifiait les États-Unis d'« Empire de la liberté » –, les responsables de la politique américaine associent la mission du pays au progrès de la liberté. George W. Bush, dans son discours au Congrès le 20 septembre 2001, évoque le fait que « La liberté a été attaquée » et la nécessité de la défendre par tous les moyens : « L'Amérique a été prise pour cible parce qu'elle est le phare le plus brillant de la liberté et de la possibilité d'entreprendre dans le monde. » Même référence à l'unité autour des valeurs dans le discours du 12 septembre, qui suit de quelques heures les attentats : « L'Amérique est unie. Les pays épris de liberté sont à nos côtés. Ce sera un combat monumental du Bien contre le Mal. Mais le Bien l'emportera. » La guerre en Afghanistan est qualifiée de *Enduring Freedom* (« Liberté immuable ») et l'attaque contre l'Irak de *Operation Iraqi Freedom* (« Opération Liberté irakienne »). En souhaitant l'introduction dans les manuels d'histoire d'un chapitre sur « pourquoi nous nous battons », George W. Bush estime que les élèves doivent comprendre la spécificité de l'histoire américaine : « Une histoire de la liberté [...], la liberté pour tout le monde. »

2. **Les guerres d'Afghanistan et d'Irak.** – L'« Axe du mal » sert à désigner les pays souhaitant se procurer des armes de destruction massive ou soutenant le terrorisme. George W. Bush utilise le terme le 29 janvier 2002 lors de son discours sur l'état de l'Union. Il est destiné à préparer l'opinion publique à l'entrée en guerre en Irak. L'expression réunit deux précédents historiques. Le premier se réfère à l'« axe Rome-Berlin-Tokyo », qui désignait les totalitarismes de droite puis leurs principaux alliés (Hongrie, Roumanie, etc.). Le second – l'« Empire du mal » – permettait à Reagan de désigner le bloc communiste. En 2002, l'administration Bush désigne trois pays qui forment l'Axe du mal : Corée du Nord, Iran, Irak. Ces pays sont accusés de soutenir le terrorisme ou de violer les traités de non-prolifération des armes nucléaires. L'Axe du mal peut être différencié de l'« avant-poste de la

tyrannie », composé des pays dénoncés par Condoleezza Rice, alors secrétaire d'État, le 18 janvier 2005 pour leur régime politique interne (Birmanie, Zimbabwe, Corée du Nord, Cuba, Biélorussie).

En octobre 2001, les États-Unis s'engagent dans une guerre en Afghanistan, dont le régime taliban favorable à al-Qaïda est soupçonné d'héberger Ben Laden. Les talibans ayant été renversés en Afghanistan, Bush dirige la « guerre contre le terrorisme » contre Saddam Hussein. En mars 2003, c'est le début de l'intervention en Irak, contre le régime baasiste accusé de détenir des « armes de destruction massive ». Malgré leur départ du pouvoir, les talibans continuent de résister. Quant à la stabilisation de l'Irak, elle est plus difficile à obtenir que prévu. Cela explique la durée des deux conflits : huit ans pour l'Irak (les derniers soldats américains ayant quitté le pays le 18 décembre 2011) et 13 ans pour l'Afghanistan (le président Obama ayant annoncé la fin du retrait pour 2014). Au plus fort de l'engagement, les Américains ont compté 100 000 hommes en Afghanistan et 250 000 hommes en Irak. Le bilan humain est lourd. En juillet 2012, 2 069 soldats américains ont été tués en Afghanistan (3 114 pour l'ensemble de la coalition) et 16 944 ont été blessés. En Irak, 4 486 soldats américains ont été tués et 32 230 ont été blessés. De nombreux civils sont également morts : 162 000 Irakiens, 9 756 Afghans de 2006 à 2011 (selon les estimations de l'ONU). En raison de l'absence de déclaration officielle de guerre contre l'Afghanistan, les membres de réseau terroriste capturés ne peuvent pas bénéficier du statut de prisonnier de guerre. Ils sont considérés, d'après le *Patriot Act*, comme des combattants « ennemis ou illégaux » et sont emmenés à la base navale américaine de Guantanamo à Cuba. Les prisonniers y sont retenus captifs pour une durée indéterminée et sans inculpation.

Les mandats d'Obama mettent un terme à ce que les détracteurs de George W. Bush désignaient sous le nom de *cow-boy diplomacy*. Pour l'administration démocrate, l'influence américaine ne doit plus recourir à une géostratégie manichéenne. Le leadership américain doit s'adapter à un monde de plus en plus complexe, où la menace n'est plus clairement identifiable. Le 30 mars 2009, la secrétaire d'État américaine Hillary Clinton annonce l'abandon de la terminologie belliciste : « guerre contre le terrorisme » ou « guerre contre la terreur ». Consciente des effets contre-productifs de la doctrine Bush pour la sécurité américaine, l'administration Obama définit une stratégie de politique extérieure fondée sur la restauration de l'image positive des États-Unis. La doctrine du *smart power* (« pouvoir de l'intelligence ») prend en compte une globalisation où les frontières nationales sont supplantées par des menaces et des réseaux transnationaux. Hillary Clinton défend cette politique comme étant le recours à un ensemble d'outils diplomatiques, économiques, culturels. Alors que la présidence Bush avait compromis l'image des États-Unis à travers le monde, le *smart power* doit permettre à Washington de reconquérir les cœurs et les esprits.

Chapitre IX

L'UNITÉ POSTDIVERSITÉ (DEPUIS 2008)

Le 4 novembre 2008, Barack Obama est élu président des États-Unis. Premier président noir, dans un pays longtemps divisé par la ségrégation, cette élection témoigne de l'évolution des mentalités. Certains lisent cette évolution comme le résultat des progrès des minorités dans une Amérique de moins en moins anglo-saxonne. D'autres insistent sur les origines mixtes du président et pronostiquent une ère « postraciale » *(post-racial era)*. Tandis que le XXe siècle, selon la prophétie de W. E. B. Du Bois en 1903, a été le siècle de la « ligne de partage des couleurs », l'Amérique du XXIe siècle deviendrait *brown*, au-delà des clivages entre « Blancs » et « Noirs ». Les éléments d'assimilation rendraient possibles l'abandon du trait d'union *(Hyphenated Americans)* et l'avènement d'un nouveau *melting pot*, cette fois fondé sur un véritable métissage.

Sur le plan politique, la présidence Obama incarne la réaffirmation de la place de l'État fédéral en pleine période de crise, notamment par le vote d'une loi sur l'extension de l'assurance santé publique. C'est néanmoins sur le plan de la politique étrangère que le changement impulsé par Obama est le plus net. La nouvelle diplomatie américaine cherche à s'adapter à un monde multilatéral, où le leadership américain est désormais remis en cause.

I. – Une Amérique post-anglo-saxonne...

1. **La majorité devient minoritaire.** – Le début du XXIe siècle coïncide avec un bouleversement à la fois culturel et démographique, que Caity Weaver, pour le site *Gawker*, résume dans un titre provocateur : « Black Is the New White ». Les minorités passent de 30,9 % de la population en 2000 à 36,3 % en 2010. La majorité blanche (non hispanique) est en passe de devenir une minorité. Le phénomène de majorité minoritaire, désigné sous le terme de *majority-minority*, est déjà observé dans quatre États et un district (Hawaï, Nouveau-Mexique, Californie, Texas, Washington DC). En 2010, la moitié des 40 plus grandes villes du pays compte une population blanche (non hispanique) inférieure à 60 %. En 2011, les naissances de bébés blancs (non hispaniques) sont pour la première fois inférieures aux naissances de bébés issus des minorités ethniques. La question de l'âge médian est fondamentale pour comprendre cette évolution : il est de 42 ans chez les Blancs non hispaniques (soit plus que l'âge de naissance du premier enfant) alors qu'il est de moins de 28 ans chez les Hispaniques et d'un peu plus de 30 ans chez les Noirs et les Asiatiques.

C'est la communauté hispanique qui contribue le plus à cette poussée des minorités. En 2011, les bébés hispaniques représentent environ 26 % des naissances contre 15 % pour les bébés noirs. Symbole de cette latinisation du pays : au printemps 2006, à l'occasion de manifestations de résidents illégaux à Los Angeles, l'hymne national américain est chanté en espagnol *(nuestro hymno)*. Pour certains, le fait de chanter l'hymne en espagnol témoigne d'un morcellement de la nation. C'est le cas de George W. Bush, qui affirme que l'hymne américain ne peut être chanté qu'en anglais. Pour d'autres, cela témoigne au contraire d'une appropriation des symboles nationaux, témoignant d'un haut degré d'assimilation. Les slogans des manifestants semblent confirmer cette interprétation : « Nous sommes l'Amérique », « El pueblo unido jamás sera vencido » (Le peuple uni ne sera jamais vaincu), etc. Dans *The Next American Nation* (1995), Michael Lind divise l'histoire de l'Amérique en trois périodes : la première république anglo-américaine (1584-1850) qui se fondait sur l'héritage britannique, la deuxième république euro-chrétienne (1850-1960) qui a intégré les immigrants européens blancs, la troisième république multiculturelle (depuis 1960) qui a remis en cause cette suprématie blanche. Pour Michael Lind, l'Amérique va se reconstruire autour d'une quatrième république, celle d'un *melting pot* transracial *(transracial melting pot)*[1]. Cette « Trans-America » se caractérise par une poussée de la mixité.

2. ***Mestizo melting pot.*** – Les ménages mixtes sont passés de moins de 1 % du total en 1960 à 7,8 % aujourd'hui. En 2008, un mariage célébré sur sept l'est entre deux personnes issues de communautés différentes. Depuis 2000, le recensement laisse la possibilité aux Américains de cocher plusieurs cases au sujet de leurs origines. Ceux qui revendiquent leur métissage passent de 2,4 % en 2000 à 2,9 % en 2010. Parmi les Américains de moins de 18 ans, les jeunes métis ont progressé de 46 % entre les deux dates, ce qui constitue le groupe à la croissance la plus forte. À ce rythme, les démographes estiment qu'un Américain sur cinq sera métis en 2050. Un sur trois en 2100.

L'écrivain Gregory Rodriguez entend dépasser le modèle multiculturaliste et lui substituer le paradigme

1. Michael Lind, *The Next American Nation*, Free Press, 1996.

de l'hybridité, dont les Latinos sont le fer de lance. En Californie, deux tiers des mariages mixtes comprennent un partenaire hispanique. Au lieu d'ajouter une couleur de plus à l'arc-en-ciel multiculturel, les Latinos contribueraient à la formation d'un nouveau creuset. C'est ce que Rodriguez appelle le *mestizo melting pot*. D'autres chercheurs théorisent les évolutions que la culture populaire avait déjà anticipées. Dès 1991, le titre *Black or White* de Michael Jackson invitait à ne plus prendre en compte la couleur de peau : « I don't matter if you're Black or White » (« Peu m'importe que tu sois noir ou blanc »)... L'historien David A. Hollinger estime que le multiculturalisme a eu une utilité historique pour contrecarrer la domination du groupe anglo-saxon. Cependant, il n'est plus opératoire pour comprendre la complexité des liens au sein d'un monde devenu postethnique, cosmopolite et transnational[1]. Les catégories « ethnoraciales » figent des identités monolithiques qui masquent la diversité des psychologies individuelles. Il prend pour exemple l'écrivain Alex Haley, le célèbre auteur de *Racines*, qui met en avant l'héritage africain de sa mère plutôt que l'héritage irlandais de son père. Expliquant que le choix de Haley est largement déterminé par une Amérique longtemps ségrégationniste, Hollinger estime qu'un avenir moins discriminatoire permettra aux individus d'être plus libres dans leur choix. Unité n'est pas synonyme d'uniformité. La nation doit se reconnaître dans un projet commun sans occulter la diversité des projets poursuivis par chacun de ses citoyens.

Cette évolution est également le fait d'initiatives politiques. Lancée le 14 juin 1997, l'opération du

1. David A. Hollinger, *Postethnic America: beyond Multiculturalism*, 1995; reprinted & expanded, New York, Basic Books, 2005.

président Clinton – *One America in the 21st Century* – est destinée à promouvoir le dialogue entre les communautés, pour que les Américains puissent s'identifier comme seulement « Américains ». C'est ce qu'il affirme lors de son discours à l'université de San Diego (Californie) : « Pouvons-nous définir ce qu'est un Américain, non pas en termes de trait d'union marquant nos origines ethniques, mais en termes d'allégeance première pour les valeurs que représente l'Amérique et les valeurs selon lesquelles nous voulons vivre. » Le 18 mars 2008, lors du discours de Philadelphie, Barack Obama articule la diversité de ses origines et l'unité du pays qu'il entend incarner : « J'ai des frères, des sœurs, des nièces, des neveux, des oncles et des cousins de toute race et de toute couleur, dispersés sur trois continents [...] c'est une histoire qui a inscrit dans mes gènes l'idée que cette nation est bien plus que la somme de ses individus, que, tous autant que nous sommes, nous ne faisons qu'un. »[1] Aujourd'hui, de plus en plus de groupes entendent laisser de côté l'appellation à trait d'union qu'ils considèrent comme une remise en cause de leur américanité pleine et entière. C'est le cas de l'association des citoyens américains d'origine japonaise.

L'assimilation serait cependant à géométrie variable. Jennifer Lee et Frank D. Bean examinent l'appréhension du métissage au sein de différentes communautés[2]. Ils constatent que les mariages mixtes sont plus importants chez les Asiatiques et chez les Latinos (30 % des mariages) que chez les Noirs (17 %). Parmi ceux qui sont nés aux États-Unis, le pourcentage s'élèverait même à 72 % pour les Asiatiques et 52 % chez les Latinos ! Mais c'est au niveau de l'éducation donnée aux enfants que les

1. Barack Obama, *De la race en Amérique*, Paris, Grasset, 2008, p. 30.
2. Jennifer Lee, Frank D. Bean, *The Diversity Paradox*, New York, Russel Sage Foundation, 2010.

différences sont les plus nettes. Un enfant issu d'un couple asiatique-blanc ou latino-blanc sera éduqué comme « américain » ou « blanc ». Le parent qui vise à identifier son enfant parmi la communauté socialement dominante est qualifié d'« hyperdescent ». Au contraire, aucun couple noir-blanc n'identifie son enfant comme seulement « américain » ou « blanc ». C'est l'« hypodescent » qui vise à identifier son enfant au sein de la communauté sociale subalterne. Leur argument est que personne ne les prendrait au sérieux s'ils tentaient d'identifier leur enfant autrement que comme « noir ». L'histoire joue une place essentielle. La règle du « One-Drop Rule » a prévalu pendant les années d'esclavage et de ségrégation. Chaque enfant né d'un propriétaire d'esclave et d'une esclave noire était considéré comme « noir » et n'avait donc aucun droit d'hériter de son père blanc. Il faut attendre 1967 pour que les mariages mixtes soient autorisés dans les États du Sud (depuis l'arrêt de la Cour suprême *Loving. v Virginia*). Pour beaucoup de couples noir-blanc, revendiquer que son enfant est « blanc » serait une manière de quémander l'intégration à un groupe qui n'a cessé d'oppresser la communauté noire tout au long de son histoire. L'expérience des Asiatiques et des Latinos est une expérience d'immigration ou de descendants d'immigrants, qui contraste avec l'expérience des Noirs américains. D'un côté, l'histoire de l'immigration renvoie à un héritage positif que tous les Américains (y compris les Blancs anglo-saxons) ont en partage. De l'autre, l'esclavage est une tache indélébile dans la mémoire collective américaine. Être « noir » au sein d'une Amérique postraciale, tel serait donc l'« exceptionnalisme » afro-américain.

3. **Tous Américains !** – Pour le pédagogue Eric Donald Hirsch, la nécessité de transmettre par l'école un langage commun est la clé d'un futur « transethnique »

(trans-ethnic future)[1]. Le besoin d'être américanisé concernerait tous les Américains, quelles que soient leurs origines. Les nouveaux citoyens, récemment immigrés, mais aussi les descendants des plus anciens Américains.

Cette américanité impliquerait un dépassement de la « guerre civile culturelle » issue des années 1960 : d'un côté l'Amérique « rouge » républicaine *(Red America)*, de l'autre l'Amérique « bleue » démocrate *(Blue America)*. Tout opposerait ces deux Amériques : la famille, l'avortement, la religion, le mariage gay ou la guerre. Dans son ouvrage *What's the Matter with Kansas*, Thomas Frank affirme que le « fantasme des deux Amériques » est un stéréotype véhiculé par les conservateurs. L'Amérique républicaine représenterait « la vraie Amérique » *(real America)*, alors que les démocrates ne seraient pas considérés comme de « vrais Américains ». Cette idée qu'il existe de « bons » et de « mauvais » citoyens se retrouve dans les discours des personnalités conservatrices. Sarah Palin, colistière de John McCain lors des élections présidentielles de 2008, oppose les « gens simples » – les seuls « vrais Américains » – aux gens de Washington…

Le politologue Morris P. Fiorina met également en doute la pertinence de cette notion de « guerre culturelle ». Elle ne serait qu'une théorie construite par des intellectuels, puis reprise par la sphère politique et les médias. La plupart des Américains partageraient des opinions tolérantes et modérées, loin de l'extrémisme exprimé par les deux camps[2]. Dans *One Nation, after all*, le sociologue Alan Wolfe affirme que les éléments qui unissent les Américains sont plus nombreux que ceux qui les divisent.

1. Eric D. Hirsch, *Americanization and the Schools*, Washington, The Clearing House, 1999.
2. Morris P. Fiorina, *Culture War? The Myth of a Polarized America*, London, Longman, 2004.

Démocrates ou républicains, protestants ou catholiques, il y aurait bien un « Nous » collectif qui transcenderait les différences communautaires ou idéologiques. Les Américains se rejoindraient sur des valeurs communes : l'individualisme, l'attachement à la liberté, l'optimisme. Gerald Graff, professeur en sciences de l'éducation, estime au contraire que les divisions sont réelles. Plutôt que de chercher à les occulter, il faut les placer au centre d'une éducation formant les citoyens au pluralisme de la vie démocratique. Les Américains doivent sortir de leur « cocon idéologique »[1] dans lequel ils se protègent. Les oppositions idéologiques doivent être enseignées dans les classes. L'habitude du débat et l'examen des différentes perspectives permettraient de désamorcer les éventuelles tensions et de fonder une démocratie enrichie des multiples points de vue. Le corps de valeurs à transmettre n'est pas figé, comme les penseurs conservateurs voudraient le laisser penser. Les controverses autour de l'identité – « Qu'est-ce que l'Amérique ? », « Qui sommes-nous comme Américains ? » – plutôt que de fragiliser la nation sont ce qui fait son originalité. Être Américain, c'est contribuer à enrichir, par ses convictions propres, le débat toujours ouvert sur l'américanité. La diversité existera toujours, autant que la quête ininterrompue d'unité.

II. – ... dans un monde postaméricain

1. **La fin du « siècle américain ».** – Le bref moment unipolaire fait place à une ère de doute et de remise en cause. Si la puissance se jauge à la faculté d'imposer aux

1. Gerald Graff, *Beyond the Culture Wars: how Teaching the Conflicts Can Revitalize American Education*, New York, W. W. Norton & Co., 1992.

autres pays ses propres volontés, il est indéniable que les États-Unis connaissent un affaiblissement. Le retrait des troupes d'Irak puis d'Afghanistan témoigne de l'incapacité de l'emporter par la force des armes. Le 6 août 2011, la dégradation de la note des États-Unis (perte du triple A) par l'agence Standard & Poor's marque la fin de l'hégémonie économique. Les révélations du site *WikiLeaks* témoignent de la difficulté pour l'État américain de conserver les secrets de son armée et de sa diplomatie. Suite à la Révolution égyptienne, c'est à Pékin – et non à Washington – que le nouveau président Mohamed Mursi réserve sa première visite officielle (27 août 2012). L'ensemble des Américains prend conscience de ces évolutions. En 2001, une enquête révèle que 47 % des Américains estiment que la Chine est devenue la première puissance du monde, contre 31 % qui pensent que ce sont les États-Unis. Faut-il aller jusqu'à évoquer le déclin de l'Empire américain ?

Joseph S. Nye propose une autre interprétation. La position hégémonique des États-Unis diminuerait sous l'effet d'un ensemble de facteurs (concurrence commerciale, spatiale, enlisements militaires). Plutôt qu'un déclin, il conviendrait de comprendre cette disparition de la toute-puissance en le replaçant dans le nouveau contexte d'interdépendance. Dans *Bound to Lead. The Changing Nature of American Power* (1991), J. Nye s'oppose aux thèses de Paul Kennedy sur le déclin de l'Amérique. Il faut repenser la notion même de pouvoir. Aucune puissance ne peut plus s'imposer isolément – l'Amérique pas plus qu'aucune autre –, sans prendre en considération le point de vue des autres nations. Pour Nye, les États-Unis doivent s'appuyer sur leur capacité à convaincre les autres pays sans utiliser la force des armes. Les relations internationales ne fonctionneraient plus sur le mode de la coercition, mais sur celui de la cooptation. Dans ce contexte, l'image positive d'un État, son degré d'ouverture, l'exemplarité de son comportement, l'attractivité de sa culture sont au centre du jeu. Les États-Unis ne peuvent plus maîtriser seuls la mondialisation, mais ils ont à adapter leur leadership à un monde fondé sur une répartition plus équitable de la puissance. La présidence de Barack Obama inaugure cette nouvelle politique étrangère, fondée sur le *soft power* et sur la prise en compte du multilatéralisme. Un conseiller du président utilise l'expression « leading from behind » ("dirigeant de l'arrière") pour qualifier l'intervention américaine en Libye (qui laisse l'initiative à la France). À l'inverse, les républicains se rattachent à l'idée de *hard power* : il ne s'agirait pas de se faire aimer, mais bien de se faire respecter. Dans *The Post-American World* (2009), Fareed Zakaria propose une vision du monde qui est indissociable de l'ère Obama, comme *Le Choc des civilisations* de Samuel Huntington a correspondu à l'ère Bush. Il décrit la poussée du « reste » du monde (« the rise of the Rest »). Le Nouveau Monde est pour lui un monde multipolaire et complexe, dans lequel la puissance américaine ne serait plus seule décideuse.

2. **La concurrence de la Chine.** – Si l'on en croit les propos de Barack Obama, prononcés le 27 juillet 2010, ce sont bien « les relations entre les États-Unis et la Chine (qui) façonneront le XXIe siècle ». Quelques semaines plus tard, le vice-Premier ministre chinois abondait dans son sens, estimant que si les États-Unis et la Chine ne pouvaient pas à eux seuls résoudre les problèmes de la planète, rien en revanche « ne pourrait plus se régler sans eux ».

Les signes de rivalité se multiplient entre les deux pays, à tel point que certains évoquent la menace d'une nouvelle guerre froide. Le 30 octobre 2010, la secrétaire d'État Hillary Clinton place les États-Unis en grands protecteurs de l'ASEAN (Association of Southeast Asian Nations) au grand dam de la Chine ! La croissance du budget militaire de la Chine – en augmentation de plus de 10 % au cours des dix dernières années – s'expliquerait par ce contexte de rivalité accrue. En 2011, la mise à l'eau du premier porte-avions chinois, racheté à l'Ukraine en 1998, suscite la méfiance américaine. Les reproches adressés par les États-Unis à la Chine concernent les Droits de l'homme, notamment la liberté religieuse (la question du Tibet) et le droit à l'information. La tension est forte entre Google et le gouvernement chinois, qui a conçu une censure d'internet surnommée le « Great Firewall ». Les internautes chinois ont cependant pu visiter la page du président Obama sur Google+ et laisser des commentaires sur les Droits de l'homme, profitant d'une faille de la censure. Deux blocs s'opposeraient désormais. Celui des États-Unis et des États occidentaux dont les économies sont marquées par le surendettement et qui s'emploient à contrôler les impacts de la crise. Celui des pays dits « émergents » bien que déjà très largement « émergés » : la Chine est devenue en 2010 le premier déposant mondial de brevets devant les États-Unis. Aux Jeux olympiques de Pékin, en 2008, la Chine est le pays le plus titré devant les États-Unis (51 médailles d'or contre 36), signe d'une puissance qui n'entend négliger aucune dimension de son rayonnement. En 2012, lors des JO de Londres, les États-Unis repassent devant la Chine (46 médailles d'or contre 38).

Mais cette concurrence est d'abord de nature économique. Face aux États-Unis qui connaissent leur crise économique la plus grave depuis 1929, la croissance annuelle du PIB chinois est de plus de 7 à 8 % depuis vingt ans. La Chine s'appuie sur la main-d'œuvre la moins chère du monde, ce qui contribue à la désindustrialisation des pays occidentaux. Les responsables américains reprochent à la Chine de s'appuyer sur la sous-évaluation du yuan pour favoriser ses exportations. Cent trente sénateurs s'associent au prix Nobel d'économie Paul Krugman pour adresser une lettre au gouvernement américain dans laquelle ils lui demandent de prendre des mesures pour contraindre les Chinois à relever le cours de leur monnaie.

Malgré ces tensions de toute nature, les économies des deux pays sont tellement liées qu'un conflit majeur semble exclu. L'arme économique tient lieu de dissuasion comme le faisait l'arme atomique lors de la première guerre froide. Un groupe des deux (G2) – qualifié parfois de « Chinamérique » – serait en train de se substituer au groupe des pays capitalistes développés (G7 puis G8). À l'occasion du premier cycle de dialogue économique et stratégique sino-américain, en juillet 2009, les deux pays s'engagent de manière bilatérale « à travailler ensemble sur l'énergie propre et le changement climatique ». L'expression est du secrétaire américain à l'Énergie, Steven Chu, ancien lauréat du prix Nobel de physique (1997) et lui-même d'origine chinoise. Sur le plan économique, l'interdépendance est totale. La Chine, dont l'économie est tournée vers l'exportation, a besoin du marché américain pour vendre ses produits, tandis que les États-Unis ont besoin des fonds chinois pour combler leurs déficits. Les deux modèles – l'un surconsommant, l'autre surinvestissant – seraient donc plus complémentaires que concurrentiels. Mais l'émergence de la crise et l'« overdose de consommation des Américains », selon l'expression de Pierre Sabatier et Jean-Luc Buchalet, semblent remettre en cause la répartition des rôles au sein de ce « duo complice »[1].

1. Le cercle Turgot, *La Chinamérique : un couple contre-nature ?*, Paris, Eyrolles, 2011, p 38.

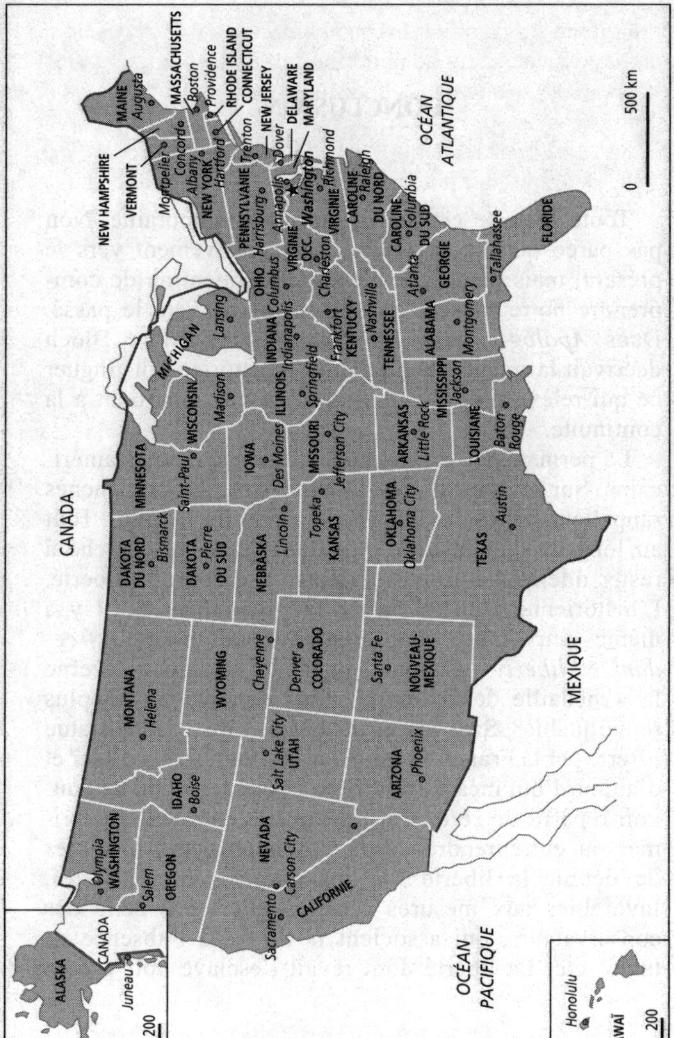

Carte 3. – Les États-Unis aujourd'hui

CONCLUSION

Toute histoire est une histoire contemporaine. Non pas parce qu'elle se tournerait exclusivement vers le présent, mais parce que c'est dans l'intention de comprendre notre présent qu'elle se tourne vers le passé. Dans *Apologie pour l'histoire* (1941), Marc Bloch décrivait la spécificité du métier d'historien : distinguer ce qui relève d'une évolution et ce qui appartient à la continuité.

La permanence est inscrite dans les symboles américains. Sur le drapeau, les 13 bandes rouges et blanches rappellent les 13 colonies fondatrices de l'Union. Tout au long de leur histoire, les États-Unis ont cherché à rester fidèles à certaines valeurs, et d'abord la liberté. L'historienne Hélène Harter fait remarquer qu'il y a même deux mots pour signifier cette liberté : *freedom* et *liberty*[1]. Chaque année, le président décerne la « médaille de la liberté » aux Américains les plus remarquables. Sans parler de « Miss Liberty », la statue offerte par la France, et qui pour les immigrants d'hier et d'aujourd'hui incarne leur rêve américain, celui de pouvoir repartir de zéro, s'affranchir des entraves, s'exprimer ou entreprendre. Mais il y a plusieurs manières de définir la liberté : la manière des progressistes, favorables aux mesures sociales, n'est pas celle des conservateurs, qui associent la liberté à l'absence de taxes, etc. La liberté dont rêvait l'esclave noir n'était

1. Hélène Harter, *L'Amérique*, Paris, Le Cavalier Bleu, 2001, p. 9.

pas de la même nature que celle que réclamait l'entrepreneur, souhaitant juste que l'État ne l'empêche pas de faire fortune… S'il y a bien une seule Amérique, il y a toujours eu plusieurs façons de la définir. Et cette diversité est précisément un des fondements de son identité.

Les États-Unis ont changé depuis leur création. La Constitution est restée la même, certes. Mais 26 amendements sont venus la compléter. D'aucuns n'hésitent pas aujourd'hui à questionner la pertinence de ces institutions. Ainsi, Richard Spengler, dans le magazine *Time*, s'interroge-t-il : « Does the US Constitution Still Matter? »[1] Une Constitution rédigée il y a plus de deux siècles est-elle encore d'actualité à l'ère de l'atome, de la biotechnologie, d'Internet ? La question se pose toujours de savoir ce que les Pères fondateurs auraient pu penser de tel ou tel point, eux qui n'imaginaient même pas qu'un homme puisse un jour voler… Question absurde selon Thomas Paine, qui estimait que ce n'était pas aux générations disparues de dicter leur conduite aux suivantes… Les modes de vie ont eux aussi évolué. Les familles dites recomposées sont désormais légion. Neuf États ont légalisé le mariage homosexuel. La mixité ne cesse de progresser, depuis qu'aucun État ne peut plus empêcher les Noirs et les Blancs de se marier (1968). Facebook et Google ont redéfini les liens entre les gens. Les Américains n'hésitent plus à confier aux réseaux sociaux des données qui compromettent leur intimité.

Enfin, la place des États-Unis dans le monde a connu de profondes mutations. De portion congrue dans le concert des nations, le pays est devenu la première puissance du

1. Richard Stengel, « Does the US Constitution Still Matter? », *Time*, vol. 178, n° 1, 2011, p. 24.

monde. Mais si le XXe siècle a bien été le « siècle américain », quelle place les États-Unis occuperont-ils au XXIe siècle ? L'accélération de l'histoire invite à la prudence. Les professeurs d'histoire-géographie le savent, eux qui ont dû enseigner l'« hyperpuissance » américaine, avant de se corriger, moins de dix ans plus tard, en évoquant un monde « postaméricain »...

La puissance américaine tient à sa capacité de résoudre le dilemme contenu dans sa devise, puisant son dynamisme dans la nécessité de faire tendre des talents foisonnants, des opinions contraires, des projets multiples, vers un objectif commun. Le 14 juin 1997, le président Clinton évoquait à l'occasion de la remise des diplômes de l'université de Californie (San Diego), ce que lui avait apporté cette diversité : « Je suis baptiste d'ascendance écossaise et irlandaise, et j'en suis fier. Mais ma vie s'est trouvée immensément enrichie par la force de la Torah, la beauté du Coran, la sagesse des religions du Sud et de l'Est de l'Asie [...]. Dans tous les pays où je me suis rendu en tant que président des États-Unis, je me suis senti un peu moins perdu parce que certains de leurs ressortissants s'étaient établis en Amérique. » Mais si, comme l'affirme Alfredo Valladao, « l'Amérique est au centre du monde parce que le monde entier est en Amérique », la Chine semble aujourd'hui fonder sa puissance sur un modèle inverse : non sur l'accueil en son sein de tous les peuples du monde, mais sur la diffusion à travers le monde de ses propres diasporas.

L'aube du XXIe siècle marque la fin de l'absolutisme de la puissance – d'une puissance pouvant s'affranchir de ses liens avec les autres –, et le passage à l'interdépendance. La fin du « siècle américain » est surtout celle de toute prétention hégémonique. Dans les années 1990, la globalisation était synonyme d'américanisation.

Aujourd'hui, la mondialité se distingue des États-Unis, à tel point que de nombreux Américains perçoivent que leur destin dépend d'institutions, de puissances ou d'intérêts qui les dépassent. Il y a deux siècles, les révolutions atlantiques ont accouché d'une vision unilatérale de l'universel. Ce dernier était pensé à partir d'un centre unique – les États-Unis ou la France – se sentant investi d'un projet messianique. Désormais, les peuples perçus comme subalternes peuvent inscrire au sein d'un monde pluriel leurs propositions alternatives. Au sein de ce monde nouveau, le nouveau monde continuera à jouer un rôle. Car l'Amérique a cette capacité à penser ses évolutions, ses crises et ses transitions pour se réinventer sans cesse. L'expression d'un monde « postaméricain » n'émane d'ailleurs pas d'ennemis de l'Amérique, mais de Fareed Zakaria, un Américain d'origine indienne, professeur dans une université *américaine* (Columbia), éditeur d'une revue *américaine (Foreign Affairs)* et éditorialiste sur des chaînes *américaines* (ABC et CBS)… Fareed Zakaria appartient à cette génération d'Américains qui sait que le monde ne tourne plus autour de la seule Amérique, que de moteur de la mondialisation, les États-Unis en sont devenus l'un de ses nombreux acteurs. Les Américains ont toujours pensé que leur destin était de pouvoir échapper à l'histoire, c'est-à-dire à la fatalité de l'ascension suivie d'un inévitable déclin. L'idée de cet exceptionnalisme américain a semblé confortée par ce bref moment unipolaire qui a suivi la disparition de l'ennemi soviétique, avec cette victoire globale de la démocratie libérale que Francis Fukuyama qualifiait de « fin de l'histoire ».

Mais l'histoire continue. C'est le constat de Ben Scowcroft, l'ancien conseiller de George Bush : « Nous sommes en train de perdre notre aura de spécificité, la foi dans l'idée que les États-Unis sont une sorte de grande puissance différente des autres. »[1] Le début du XXIe siècle a mis fin à l'illusion de pouvoir échapper à l'histoire. L'Amérique n'est pas le monde, mais une partie du monde.

1. Cité par Pierre Mélandri dans son *Histoire des États-Unis contemporains*, *op. cit.*, p. 912.

BIBLIOGRAPHIE

EN FRANÇAIS

Ameur Farid, *La Guerre de Sécession*, Paris, Puf, « Que sais-je ? », 2004.

Bacharan Nicole, *Les Noirs américains : des champs de coton à la Maison Blanche*, Paris, Panama, 2008.

Boorstin Daniel, *Histoire des Américains*, Paris, Robert Laffont, 1991.

Durpaire François, Richomme Olivier, *L'Amérique de Barack Obama*, Paris, Demopolis, 2008.

Durpaire François, Snégaroff Thomas, *L'Unité réinventée : les présidents américains face à la nation*, Paris, Ellipses, 2006.

– *Les États-Unis pour les nuls*, Paris, First Éditions, 2012.

Ghorra-Gobin Cynthia, *Les États-Unis entre local et mondial*, Paris, Presses de Sciences Po, 2000.

Jacquin Philippe, Royot Daniel, *Go West ! Histoire de l'Ouest américain d'hier à aujourd'hui*, Paris, Flammarion, 2002.

Jacquin Philippe, Royot Daniel, Whitfield Stephen, *Le Peuple américain : origines, immigration, ethnicité, identité*, Paris, Le Seuil, 2000.

Harter Hélène, *L'Amérique en guerre : les villes pendant la Seconde Guerre mondiale*, Paris, Galaade Éditions, 2006.

Heffer Jean, Ndiaye Pap et Weil François, *La Démocratie américaine au XXe siècle*, Paris, Belin, 2000.

Huret Romain, *La Fin de la pauvreté ? Les experts sociaux en guerre contre la pauvreté aux États-Unis (1945-1974)*, Paris, Éditions de l'EHESS, 2008.

Kaspi André, *Les Américains*, Paris, Le Seuil, 2002.

– *Franklin D. Roosevelt* (1988), Paris, Perrin, « Tempus », 2012.

Kaspi André, Durpaire François, Harter Hélène, Lherm Adrien, *La Civilisation américaine*, Paris, Puf, 2006.

Kaspi André, Harter Hélène, *Les Présidents américains, de Washington à Obama*, Paris, Tallandier, 2012.

Lacorne Denis, *L'Invention de la République. Le modèle américain*, Paris, Hachette, 1991.

– *La Crise de l'identité américaine*, Paris, Fayard, 1997.

Martel Frédéric, *De la culture en Amérique*, Paris, Gallimard, 2006.

Mélandri Pierre, *Reagan : une biographie totale*, Paris, Laffont, 1988.

– *Histoire des États-Unis contemporains*, Bruxelles, André Versaille éditeur, 2008.

Mélandri Pierre, Justin Vaisse, *L'Empire du Milieu*, Paris, Odile Jacob, 2001.

Michelot Vincent, *Le Président des États-Unis : un pouvoir impérial ?*, Paris, Gallimard, 2008.

Ndiaye Pap, *Les Noirs américains : en marche pour l'égalité*, Paris, Gallimard, 2009.

Rostowski Joëlle, *Le Renouveau indien aux États-Unis*, Paris, Albin Michel, 2001.

Snégaroff Thomas, *L'Amérique dans la peau : quand le président fait corps avec la nation*, Paris, Armand Colin, 2012.
Trocmé Hélène, Rovet Jeanine, *Naissance de l'Amérique moderne. XVIe-XIXe siècle*, Paris, Hachette Éducation, 1997.
Vagnoux Isabelle, *Les Hispaniques aux États-Unis*, Paris, Puf, « Que sais-je ? », 2000.
Vergniolle de Chantal François, « Les revendications locales et le système fédéral américain », *Fédéralisme-Régionalisme*, vol. 9, n° 1 : *Le Fédéralisme américain*, 2009.
Zinn Howard, *Une histoire populaire des États-Unis de 1492 à nos jours*, Marseille, Agone, 2002.
Zunz Olivier, « Genèse du pluralisme américain », in *Annales, Économies, Sociétés, Civilisations*, 42e année, n° 2, 1987, p. 429-444.

EN ANGLAIS

Barone Michael, *The New Americans: how the Melting Pot Can Work again*, Washington, Regnery Publishing, 2001.
Baylin Bernard, Wood Thomas, *The Great Republic: a History of the American People*, New York, Houghton Mifflin, 1997.
Donald David Herbert, *Liberty and Union*, Boston, Little, Brown & Co., 1978.
Fiorina Morris P., *Culture War? The Myth of a Polarized America*, London, Longman, 2004.
Fisher Claude S., Hout Michael, *Century of Difference. How America Changed in the Last One Hundred Years*, New York, Russel Sage Foundation, 2006.
Foner Eric, *Reconstruction: America's Unfinished Revolution, 1863-1876*, New York, Harper & Row, 1988.
Graff Gerald, *Beyond the Culture Wars: how Teaching the Conflicts Can Revitalize American Education*, New York, W. W. Norton & Co., 1992.
Hakim Joy, *A History of US*, New York, Oxford U. Press, (10 vol.).
Hirsch Jr. Eric Donald, *The Making of Americans: Democracy and Our Schools*, Yale University Press, 2010.
Hollinger David A., *Postethnic America: Beyond Multiculturalism* (1995), New York, Basic Books, 2005 (reprinted & expanded).
Hunter James Davison, *Culture Wars: the Struggle to Define America*, New York, Basic Books, 1991.
Jacobs Wilbur R., *Dispossessing the American Indian: Indians and Whites on the Colonial Frontier*, University of Oklahoma Press, 1985.
Lee Jennifer, Bean Frank D., *The Diversity Paradox*, New York, Russel Sage Foundation, 2010.
Lind Michael, *The Next American Nation: the New Nationalism and the Fourth American Revolution*, Free Press, 1996.
Lipset Seymour Martin, *American Exceptionalism: a Double-Edged Sword*, New York, W. W. Norton & Co., 1997.
Metzler Christopher J., *The Construction and Rearticulation of Race in a Post-Racial America*, Author House, 2008.
Milkis Sidney M., Nelson Michael, *The American Presidency. Origins and Development*, 1776-2007, CQ Press, 2008.
Spencer John M., Cander Ross Richard E., *The New Colored People: the Mixed-Race Movement in America*, New York University Press, 1997.

Walzer Michael, *What it Means to Be an American: Essays on the American Experience*, New York, Marsilio, 1996.
Weil Patrick, *The Sovereign Citizen. Denaturalization and the Origins of the American Republic*, University of Pennsylvania Press, 2013.
Wise Tim, *Dear White America: Letter to a New Minority*, San Francisco, City Lights Books, 2012.
– *Colorblind: the Rise of Post-Racial Politics and the Retreat from Racial Equity*, Paperback Published, 2010.
Wolfe Alan, *One Nation, after all*, New York, Penguin Books, 1999.
Zakaria Fareed, *The Post-American World*, New York, W. W. Norton & Co., 2008.

TABLE DES MATIÈRES

Mis en pages et imprimé en France
par JOUVE
1, rue du Docteur Sauvé, 53100 Mayenne
avril 2014 - N° 2158256P

JOUVE est titulaire du label imprim'vert®